HISTOIRE INTÉRIEURE
DE ROME

JUSQU'A LA BATAILLE D'ACTIUM

TIRÉE DES ROEMISCHE ALTERTHÜMER

DE

L. LANGE

PAR

A. BERTHELOT ET DIDIER

AF472912

PARIS
ERNEST LEROUX, ÉDITEUR
28, Rue Bonaparte, 28

1886

FASCICULE N° 11

Souscription à l'ouvrage complet, 2 forts volumes : 20 fr

P. Tullius Albinovanus[1], gagna Rhodes[2]; quand Sylla exigea des Rhodiens qu'il lui fût livré, Norbanus se donna la mort[3]. Pendant ce temps, Pontius Télésinus, M. Lamponius et Gutta amenèrent une armée de Lucaniens et de Samnites au secours de Préneste[4]; Sylla les éloigna de Préneste; alors ils marchèrent droit sur Rome; sous les murs de Rome, ils firent leur jonction avec les derniers détachements de l'armée de Carbo, commandés par L. Junius Brutus Damasippus, C. Albius Carrinas et Marcius[5]. Sans M. Licinius Crassus, qui, avec l'aile droite de l'armée syllanienne, repoussa les Italiens jusqu'à Antemnæ, Sylla n'aurait pu arriver à temps pour sauver Rome vouée à la destruction par les Samnites, et la sanglante bataille livrée le 1er novembre devant la porte Colline, lui aurait fait perdre le fruit de tous ses efforts et de ses patientes négociations[6].

Le parti de Marius était définitivement vaincu, et avec lui venaient de succomber les derniers défenseurs de l'indépendance italienne. Sylla, avec son armée victorieuse, maintenant sans rival, chef unique et incontesté des Optimates, pouvait se faire nommer dictateur; il pouvait même substituer à la république la forme monarchique, avec l'appui du peuple, mûr pour la servitude. Sylla n'en fit rien; il préféra sans doute consacrer les dernières années de sa vie politique à poursuivre dans des négociations délicates, la réalisation d'une réforme qu'il aurait pu accomplir brutalement en profitant de sa victoire maintenant complète sur ses ennemis; il préféra aussi s'adonner librement aux plaisirs, plutôt que de s'imposer les fatigues d'une révolution monarchique; ou plutôt son ambition fut contenue par le respect des traditions conservatrices de la politique des nobles. Il se contenta du titre de dictateur, et employa son autorité absolue à discipliner les optimates, et à leur assurer la direction du gouvernement.

1) Ps. Ascon., p. 168.
2) App., *b. c.*, 1, 91.
3) App., *b. c.*, 1, 91. Liv., *ep.*, 89.
4) App., *b. c.*, 1, 90.
5) App., *b. c.*, 1, 92.
6) App., *b. c.*, 1, 93. Plut., *Sull.*, 29. 30. *Crass.*, 6. Liv., *ep.*, 88. Vell., 2, 27. Flor., 3, 21, 23. Oros., 5, 20. Eutr., 5, 8. Aur. Vict., *Vir. ill.*, 75.

CHAPITRE HUITIÈME

DICTATURE DE L. CORNELIUS SYLLA

Sylla montra une cruauté inouïe, que ne laissait pas prévoir sa conduite antérieure[1]. Le lendemain de la bataille il fit décapiter Marius, Carrinas et Damasippus[2], et envoya leurs têtes avec celle de Pontius Télésinus[3], à Ofella devant Préneste; il devait les montrer aux assiégés pour leur prouver que la cause de Sylla avait définitivement triomphé[4]. Le même jour Sylla convoqua le sénat dans le temple de Bellone, et, pour effrayer les sénateurs, fit égorger à deux pas du temple, 6 à 8,000 Samnites[5], des citoyens romains[6]. Au peuple, il avait déjà fait connaître sa résolution de changer la constitution; il avait aussi annoncé que tous les officiers restés fidèles à ses ennemis depuis la rupture des négociations avec Scipion, seraient rigoureusement poursuivis[7]. Aussitôt les soldats se répandirent dans la ville pour se livrer au plus hideux carnage[8].

Sylla comprit qu'il fallait mettre un peu d'ordre dans les exécutions, afin de n'atteindre que ses ennemis ; sur le conseil du jeune C. ou de M. Metellus, ou bien d'un personnage in-

[1]) Dio C., f., 109 B. Plut., *Sull.*, 30.

[2]) Sall., *Cat.*, 51, 32.

[3]) Vell., 2, 27.

[4]) App., *b. c.*, 1, 93. Dio C., fr., 109, 4 B.

[5]) App., *b. c.*, 1, 93. Plut., *Sull.*, 30. Dio C., fr., 109, 5 B. Dion., 5, 77. Strab., 5, 4, 11. Liv., *ep.*, 88. Sen., *de Ben.*, 5, 16. Val. Max., 9, 2, 1. Flor., 3, 21, 24. Aur. Vict., *Vir. ill.*, 75. Oros., 5, 21. August., *de Civ. Dei*, 3, 28.

[6]) Sen. *de Clem.*, 1, 12. *Prov.*, 3, 7. Ps. Sall. *de Rep.*, 1, 4.

[7]) App., *b. c.*, 1, 95.

[8]) Dio C., fr., 109, 6-11 B.

connu, Fufidius (ou Aufidius)[1], il dressa une table de proscrits (*tabula proscriptionis*) sur laquelle furent inscrits les noms des victimes[2]; le lendemain il en dressa une seconde, puis une troisième[3]. On promit des récompenses à ceux qui égorgeraient les proscrits, à ceux qui révéleraient leur retraite; on menaça, au contraire, ceux qui chercheraient à les cacher[4]. On proscrivit non seulement les chefs du parti, Carbo, Marius, Norbanus, Scipio, Sertorius, mais des sénateurs sans notoriété[5], de riches chevaliers proscrits parce que leur ordre avait été un des principaux soutiens du parti vaincu[6], enfin tous les personnages marquants de la nation samnite[7], particulièrement détestée parce qu'elle avait fait courir à Sylla le plus sérieux danger. On fit poursuivre par des sicaires ceux qui s'étaient enfuis[8]. On apportait les têtes dans l'atrium de la maison de Sylla[9], puis on les exposait près du forum, au *lacus servilius*[10]. Sylla permit à ses amis de faire inscrire sur les listes des hommes complètement innocents de toute participation à la guerre; les uns y furent inscrits parce qu'ils étaient riches[11], d'autres parce qu'ils étaient dangereux[12]; on y inscrivit même les noms de personnages qui avaient déjà succombé, afin de légaliser le meurtre[13]. Le nombre des proscrits fut d'environ 2,000 selon les uns, de 4,700 selon d'autres témoignages[14].

[1]) Plut., *Sull.*, 31. Oros., 5, 21. Flor., 3, 21, 25. Cf. Sall., *Hist.*, 1, 41, 21 D. Schol. Gron., p. 394.

[2]) Liv., *ep.* 88. Obseq., 57. Aur. Vict., *Vir. ill.*, 75. Dio C., fr., 109. 12 B. 47, 3 et seq.

[3]) App., *b. c.*, 1, 95. 4, 1. Plut., *Sull.*, 31. Oros., 5, 21.

[4]) App., *b. c.*, 1, 95. Plut., *Sull.*, 31. *Cat. Min.*. 17. Vell., 2, 28. Cic., *Lig.* 4, 12. Suet., *Cæs.*, 11.

[5]) Cf. Cic., *Brut.*, 90, 311. Dio C., 47, 11, App., *b. c.*,4, 44.

[6]) Cic., *Cluent.*, 55, 151. Ascon., p. 90.

[7]) Strab., 5, 4, 11. Cf. App., *b. c.*, 1, 96.

[8]) App., *b. c.*, 1, 95. 4, 26.

[9]) Val. Max., 3, 1, 2. 9, 2, 1. Plut., *Cat. min.*, 3.

[10]) Cic., *Rosc. Am.*, 32, 89. Senec., *de Prov.*, 3, 7.

[11]) Sall., *Cat.*, 51, 33. *Hist.*, 1, 41, 17 D. Vell., 2, 28. Val. Max., 9, 2, 1. Oros., 5, 21. Plut., *Sull.*, 31. Diod., 38, 23.

[12]) Cic., *Cluent.*, 8, 25.

[13]) Plut., *Sull.*, 32. *Cic.*, 10. Oros., 5, 21. Vell., 2, 22. Cic., *Rosc. Am.*, 8, 21.

[14]) Flor., 3, 21, 25. Cf. App., *b. c.*, 1, 95. Val. Max., 9, 2, 1.

Ces exécutions faites sans jugement et souvent sans motifs empruntés aux faits de la guerre civile, furent désastreuses pour le respect des lois; les innocents furent persuadés qu'ils ne pouvaient plus compter sur la justice[1]; il en résulta une démoralisation générale, on viola les liens les plus sacrés de la famille[2], il se forma, au milieu du désordre, des caractères comme celui de L. Sergius Catilina[3]. Catilina se distingua par les ingénieuses raffineries de tourments au milieu desquels il fit périr M. Marius Gratidianus[4], qui était préteur pour la seconde fois[5]. On envoya aussi la tête de Marius aux assiégés de Préneste; peu de temps après les habitants de Préneste rendirent leur ville à Ofella; C. Marius se donna la mort[6]. Sylla fit encore égorger sans pitié comme sans distinction les Samnites, les Prénestins, et les officiers romains qui avaient pris part à la défense[7].

On ne peut excuser Sylla; on peut seulement plaider les circonstances atténuantes, en rappelant qu'il avait dû attendre six longues années pour satisfaire sa vengeance, et que le danger auquel il faillit succomber devant la porte colline redoubla encore sa haine. Voilà pourquoi il se vengea honteusement du vieux Marius, en violant son tombeau, en dispersant ses ossements[8]. Sylla était d'ailleurs persuadé qu'on ne pouvoit ramener la noblesse au pouvoir, qu'en faisant disparaître radicalement le parti opposé.

Quand il apprit la reddition de Préneste, la mort de C. Marius, la prise de Norba, dont M. Æmilius Lepidus, alors préteur[9], s'était rendu maître par trahison[10], Sylla prit le

[1] Cic., *de Dom.*, 17, 43.

[2]) Liv., *ep.*, 89. Gran. Lic., p. 39.

[3]) Q. Cic., *de Pet. cons.*, 2, 9.

[4]) Plut., *Sull.*, 32. Liv., *ep.*, 88. Sall., *Hist.*, 1, 30 D. Q. Cic., *Pet. cons.*, 3, 10. Val. Max., 9, 2, 1. Ascon., p. 84. 87. 90. Sen., *de Ira.*, 3, 18.

[5]) Ascon., p. 84. Val. Max., 9, 2, 1.

[6]) App., *b. c.*, 1, 94. Diod., 37, 40. 38, 18. Plut., *Mar.*, 46. *Sull.*, 32. Strab., 5, 3, 11. Liv., *ep.*, 88. Vell., 2, 27. Val. Max., 6, 8, 2. Aur. Vict., *Vir. ill.*, 68. Eutr., 5, 8. Oros., 5, 21.

[7]) App., *b. c.*, 1, 94. Plut., *Sull.*, 32. Val. Max., 9, 2, 1. Lucan., 2, 193. Oros., 5, 21.

[8]) Cic, *de Leg.*, 2, 22, 56. Val. Max., 9, 2, 1.

[9]) Cic., *in Verr. accus.*, 3, 91, 212.

[10]) App., *b. c.*, 1, 94.

surnom de *Felix*[1] ; il donna aux deux enfants qui naquirent alors de Metella les noms de *Faustus* et de *Fausta*[2]. Le sénat poussa la complaisance jusqu'à ratifier tous les actes du consulat et du proconsulat de Sylla; il décida aussi qu'on lui élèverait une statue équestre toute recouverte d'or : on la dresserait devant les rostres, et elle porterait cette inscription : *L. Cornelius Sulla Felix*[3]. La flatterie alla plus loin, on donna à Sylla les noms de Faustus et de Epaphroditus[4].

Sylla avait pleinement réussi; son étoile l'avait conduit au succès, au milieu de difficultés sans nombre. Les provinces ne firent pas grande résistance : L. Marcius Philippus, lieutenant de Sylla, battit en Sardaigne le préteur marianien Q. Antonius Balbus, et s'assura de la province[5]. Carbo avait passé en Afrique, mais n'y trouva plus le préteur C. Fabius Hadrianus : les habitants de la province s'étaient révoltés contre lui à cause de ses exactions et l'avaient brûlé vif dans son prétoire[6]. En Sicile il y avait encore un préteur du parti vaincu, M. Perpenna[7], fils du censeur de 86. Il suffit pour les réduire d'envoyer contre eux le jeune Cn. Pompée[8], devenu le favori de Sylla[9]; il lui fit épouser, après l'avoir fait divorcer avec Antistia, Æmilia, fille que Métella avait eue de son premier mariage avec M. Æmilius Scaurus[10]. Le sénat se chargea de légaliser les pouvoirs remis à Pompée : il lui fit donner son titre par les comices curiates[11]. L'Espagne était au pouvoir du préteur Q. Sertorius, qui avait abandonné Scipion et

[1]) Vell., 2, 27. Val. Max., 6, 9, 6. Plin., *n. h.*, 7, 42, 44, 137. Aur. Vict., *Vir. ill.*, 75.

[2]) Plut., *Sull.*, 34.

[3]) App., *b. c.*, 1, 97. Cic., *Phil.*, 9, 6, 13. Vell., 2, 61. Mommsen, I. L. A., p. 168.

[4]) Diod., 38, 18. Plut., *Sull.*, 34.

[5]) Liv., *ep.*, 86. Mommsen, *Münzwesen*, p. 596.

[6]) Liv., *ep.*, 86. Oros., 5, 20. Cic., *in Verr. accus.*, 1, 27, 70. 5, 36, 94. Ps. Ascon., p. 179. Val. Max., 9, 10, 2. Diod., 38, 14.

[7]) Diod., 38, 17. Plut., *Pomp.*, 10.

[8]) App., *b. c.*, 1, 95. Plut., *Pomp.*, 10. Zon., 10, 1.

[9]) Sall., *Hist.*, 5, 13 D. Val. Max., 5, 2, 9. Aur. Vict., *Vir. ill.*, 77.

[10]) Plut., *Pomp.*, 9. *Sull.*, 33. Zon., 10, 1.

[11]) Liv., *ep.*, 89.

Norbanus pendant que le premier négociait avec Sylla en 83[1]. Sylla envoya contre lui le préteur C. Annius Luscus[2].

Vainqueur partout, Sylla se mit à l'œuvre pour rétablir l'ordre dans l'État. Toute sa politique consistait à donner le pouvoir aux nobles, c'était une idée malheureuse. La noblesse, depuis la seconde guerre punique, avait donné trop de preuves de son incapacité politique; non seulement elle s'était affaiblie par des divisions, par les guerres civiles, mais son influence sociale avait été déplorable : l'immoralité de ses membres les plus en vue avait ruiné son prestige. Sans doute aujourd'hui elle n'avait plus d'adversaires; mais, pendant la lutte, les vainqueurs s'étaient déconsidérés en déployant contre les vaincus une hideuse cruauté; les ambitions personnelles, avides surtout de jouissances, s'étaient encore développées : il y avait là le germe d'une réaction et de nouvelles guerres civiles. Sans doute Sylla était de bonne foi; il croyait que le parti des nobles avait toujours défendu et défendrait toujours l'ordre social; il oubliait que les moyens employés pour assurer le triomphe de la noblesse, avaient d'avance empoisonné les principes vitaux des organes politiques qu'il voulait rappeler à la vie[3]; enfin il était convaincu qu'en réformant la constitution dans le sens oligarchique, il la ferait durer. Il est incontestable que Sylla prit bien les mesures nécessaires pour assurer ce résultat : d'une part, il fit disparaître certaines institutions devenues, par leur développement naturel, dangereuses pour l'oligarchie, ou bien il les modifia de manière à les rendre inoffensives ; d'autre part il en créa de nouvelles qui devaient garantir aux optimates la durée de leur influence et de leur action gouvernementale.

Pour donner un caractère légal à ses transformations constitutionnelles, Sylla voulait être investi d'un pouvoir absolu, mais régulier. Il quitta Rome, et écrivit au sénat qu'il jugeait opportun de nommer un interroi. Le sénat désigna L. Valerius Flaccus, prince du sénat, qui s'était appliqué à jouer un rôle de conciliation dans les derniers événements. Sylla lui demanda

[1]) Plut., *Sert.*, 6. App., *b. c.*, 1, 86. 85. *Iber.*, 101. Exup., 7. 8.
[2]) Plut., *Sert.*, 7.
[3]) Cic., *Rosc. Am.*, 47, 136.

aussitôt de faire connaître au peuple la nécessité d'une dictature; il fallait non pas un dictateur ordinaire, mais un dictateur qui conserverait le pouvoir absolu aussi longtemps qu'il le jugerait nécessaire pour réorganiser le gouvernement de Rome, de l'Italie et de l'empire tout entier; il ajoutait qu'il se croyait capable de remplir cette fonction au mieux des intérêts de la République[1]. Le peuple comprit l'invitation qui lui était faite, et s'empressa de satisfaire le désir d'un personnage qui était soutenu par une puissante armée : sur la proposition de L. Valerius, Sylla fut nommé, pour une durée indéterminée, *dictator legibus scribendis et reipublicæ constituendæ*[2]. La loi *Valeria* confirmait le sénatus-consulte qui déchargeait Sylla de toute responsabilité pour les actes de son consulat et de son proconsulat; elle l'autorisait aussi à prononcer la peine de mort, à confisquer les biens, à fonder des colonies, à supprimer ou à créer des municipes[3], à disposer des royaumes placés sous la dépendance de Rome. Sylla eut bien soin de faire confirmer par les comices curiates les pouvoirs que lui avait conférés le peuple.

Malgré toutes les précautions prises, le pouvoir confié à Sylla était une tyrannie illégale; les écrivains lui donnent les noms de μοναρχία, βασιλεία, τυραννίς[4], *de regnum, regalis potestas, dominatio*[5], et ils ont raison. La dictature de Sylla différait de l'ancienne dictature supprimée en fait depuis 120 ans[6]; en effet l'ancienne dictature ne pouvait être instituée que pour un but particulier, et pour un temps limité : ses pouvoirs et sa durée étaient également déterminés. Le dictateur avait un pouvoir absolu sur le peuple (*magister populi*)[7], mais il restait le serviteur de l'État (*res publica*); Sylla, au contraire, se faisait

[1]) App., *b. c.*, 1, 98.
[2]) App., *b. c.*, 1, 99.
[3]) Plut., *Sull.*, 33. Cf. Cic., *de Leg. agr.*, 3, 2, 5 et seq. *de Leg.*, 1, 15, 42. Sall., *Hist.*, 1, 41, 13 D.
[4]) App., *b. c.*, 1, 3. 82. 99. 101. Dion., 5, 77. Sall., *Hist.*, 1, 41, 1 D.
[5]) Cic., *Att.*, 8, 11, 2. *Off.*, 2, 14, 51; *Har. resp.*, 25, 54. Sall., *Hist.*, 1, 41, 2 D. Oros., 5, 21.
[6]) Vell., 2, 28.
[7]) Cf. Cic., *de Fin.*, 3, 22, 75.

proclamer maître absolu de l'État (*magister reipublicæ*)[1]. La dictature ne lui avait pas été donnée par la loi *de dictatore creando*, elle ne reposait pas sur les traditions (*mos majorum*); elle lui était conférée par la loi Valeria, qui n'était pas même une loi; en effet, elle n'avait pas été votée dans les conditions ordinaires; d'après les coutumes, le premier interroi n'était pas nommé pour réunir les comices, il n'en avait pas le droit[2]. L. Valerius pouvait invoquer un précédent, celui de Sp. Lucretius Tricipitinus[3], mais dans ce cas il aurait dû convoquer les comices pour nommer des consuls, non pour faire un acte législatif[4]. Autre illégalité : le dictateur devait être nommé par un consul, non par un interroi[5]; donc, bien que les augures eussent été favorables[6], on avait violé la loi de

[1]) Cic., *de Leg. agr.*, 3, 2, 5; *in Verr. accus.*, 3, 35, 81. Cf. *Phil.*, 5, 6, 17.

[2]) On comparait l'État à une famille dont le roi était le père. Or une famille, quand elle perdait son chef, était considérée comme *funesta* pendant le temps qui s'écoulait entre la mort et les funérailles du chef. De même l'État, après la mort du roi, est dans une situation *funesta*, il est défendu de traiter aucune affaire politique, les jours sont *nefasti* jusqu'au moment où les funérailles ont été célébrées. On ne pouvait donc réunir les comices pendant cette période. [N. D. T.]

[3]) Sp. Lucretius Tricipitinus fut nommé interroi après l'expulsion de Tarquin le Superbe; il réunit les comices pour nommer les consuls; sous sa présidence furent élus L. Junius Brutus et L. Tarquinius Collatinus. Cette convocation des comices par l'interroi n'était pas contraire aux institutions primitives pour deux raisons; d'abord les jours qui suivirent l'expulsion de Tarquin ne pouvaient pas être considérés comme *nefasti* ni comme *funesti*, puisque Turquin n'était pas mort; ensuite il n'est pas certain que Sp. Lucretius fût le premier interroi. On peut admettre que L. Junius Brutus avait été interroi, et que Sp. Lucretius était le second, ayant par conséquent le droit de convoquer les centuries. [N. D. T.]

[4]) L'interroi était le dépositaire temporaire de l'*imperium* et des *auspicia publica*; il n'avait pas de pouvoir (imperium) propre, puisque ce pouvoir n'avait pas été sanctionné par la *lex curiata*. Aussi il ne pouvait en user que pour un seul objet, faire procéder à l'élection du nouveau roi, et sous la république, à la nomination des consuls. Cette tradition a toujours été respectée jusqu'à l'époque de Sylla. (Cic., *de Leg. agr.*, 3, 2, 5; *de Leg.*, 1, 15, 42.)[N.D.-T.]

[5]) Cic., *Att.*, 9, 15, 2. Cf. Dion., 11, 20 qui se trompe. Le droit de nommer un dictateur était un attribut de la puissance consulaire (*potestas consularis*, Liv., 27, 5). Les tribuni militum consulari potestate eurent aussi ce droit (Liv., 4, 31); mais ni le préteur (Liv., 22, 8; Plut., *Marc.*, 24 se trompe) ni l'interroi ni le dictateur n'eurent jamais ce pouvoir. [N. D. T.]

[6]) Plin., *n. h.*, 2, 54, 55, 144.

toutes façons, les pouvoirs confiés à Sylla étaient illégaux[1]. Sylla porta d'autres atteintes à la loi : il se fit précéder de vingt-quatre licteurs dans Rome[2], il prit une garde personnelle[3]. Il respecta cependant la tradition sur un point[4], il nomma un maître de la cavalerie, qui fut L. Valerius Flaccus[5].

Il se mit aussitôt à l'œuvre pour réorganiser l'État romain. Il prit pour cela la voie administrative, la loi Valeria l'y autorisait; il prit aussi la voie législative, et fit accepter les leges Corneliæ[6], c'était surtout pour les faire voter qu'il avait demandé la dictature. On ne peut pas admettre que toutes les mesures prises par Sylla se trouvaient légalisées d'une manière générale par la loi Valeria, il fallait pour chacune d'elles une loi spéciale[7]; la loi Valeria avait approuvé les proscriptions, les exécutions faites en vertu de la proscription, comme les confiscations de biens; et cependant Sylla avait cru nécessaire de faire à ce sujet une loi particulière, la loi *Cornelia de proscriptione* qui renfermait des dispositions spéciales sur les biens et les enfants des proscrits[8]. Sylla opéra sa réforme législative en supprimant d'anciennes lois, en en faisant de nouvelles[9]. Nous n'avons pas malheureusement la chronologie exacte des actes législatifs et administratifs de Sylla; mais nous avons

[1]) Cic., *de Leg. agr.*, 3, 2, 5. Cicéron appelle la loi Valeria non seulement *iniquissima lex*, mais *lex dissimillima legis*. [N. D. T.]

[2]) Liv., *ep.*, 89. Le dictateur, réunissant les pouvoirs des deux consuls, pouvait se faire accompagner de 24 licteurs quand il était en campagne, ou hors de Rome ; mais à Rome, pour distinguer le pouvoir (*imperium*) dictatorial du pouvoir consulaire, on ne l'autorisait à prendre que 12 licteurs, comme les rois. (Lyd., *de Mag.*, 1, 37. Cf. Liv., 2, 18. Dion., 5, 75.) [N. D. T.]

[3]) App., *b. c.*, 1, 100.

[4]) On ne cite que trois dictateurs qui n'ont pas eu de maître de la cavalerie : M. Fabius Buteo, qui fut investi de la dictature dans des circonstances anormales , pour procéder à la rédaction de la liste sénatoriale (*senatus legendi causâ*) ; M. Claudius Glicia, un incapable qui abdiqua immédiatement; et César pendant sa première dictature. Le Magister equitum était reconnu nécessaire à ce point que quand il venait à mourir le dictateur devait en nommer un autre (*suffectus*). [N.-D.-T.]

[5]) *Fasti cons.* I. L. A., p. 439.

[6]) Cic., *Phil.*, 1, 7, 18.

[7]) Schol. Gron., p. 435. Cf. Cic., *in Verr. accus.*, 3, 35, 82.

[8]) Cic., *Rosc. Am.*, 43, 125; *de Leg. agr.*, 3, 2, 6.

[9]) App., *b. c.*, 1, 100. Tac., *Ann.*, 3, 27.

des indications; en les confrontant avec les lois elles-mêmes et leur objet, nous pouvons reconstituer avec une certaine vraisemblance l'histoire de la dictature syllanienne. Ainsi les lois dont parlent Appien[1] et Tite-Live[2], immédiatement après avoir raconté l'établissement de la dictature, ont dû être proposées au moment où se faisaient les préparatifs du triomphe[3], c'est-à-dire avant la date du 27 janvier 81[4]. On peut l'affirmer en tenant compte de la place qu'occupent ces lois dans les deux auteurs, et aussi d'autres raisons sérieuses.

Nous savons que le jour d'entrée en fonctions des tribuns continua à être fixé au 10 décembre par la nouvelle constitution; nous savons aussi que le tribunat ne fut pas suspendu pendant la première année de la dictature; il est donc probable que la première loi présentée par Sylla fut la loi *Cornelia de tribunicia potestate*; pendant son consulat il avait jugé absolument nécessaire de faire une loi sur ce sujet, il considérait comme indispensable de limiter le pouvoir des tribuns pour rétablir le pouvoir des nobles. La nouvelle loi de Sylla allait beaucoup plus loin que celle de 88 supprimée par Marius et ses partisans; elle ne se contentait pas de limiter l'initiative législative des tribuns, en les obligeant à faire approuver d'abord leurs propositions par un sénatus-consulte[5]; mais nous ne pouvons pas marquer d'une manière précise quelles furent les dispositions nouvelles[6] introduites dans la loi faite sous la dictature. Il paraît qu'on subordonna le droit reconnu aux tribuns d'accuser un citoyen devant le peuple[7] à l'autorisation préalable du sénat. Elle limita aussi le droit d'intercession[8]; comme à l'origine de l'institution tribunitienne, les tribuns ne purent en user que pour défendre les particuliers contre l'arbitraire des magistrats[9] (*auxilii latio adversus im-*

1) App., *b. c.*, 1, 100.
2) Liv., *ep.*, 89.
3) App., *b. c.*, 1, 99.
4) *Fast. triomph.*, I. L. A., p. 460.
5) Liv., *ep.* 89. Cf. avec *l'inscriptio du Plebisc. de Therm.*, I. L. A., p. 114.
6) Liv., *ep.*, 89. Aur. Vict., *Vir. ill.*, 75.
7) Cic., *de Leg.*, 3, 9, 22; *in Verr. act.*, 1, 13, 38.
8) Quoi qu'en dise César, *b. c.*, 1, 5. 7. Cf. Cic., *Phil.*, 2, 22, 53.
9) Cic., *de Leg.*, 3, 9, 22; *in Verr. accus.*, 1, 60, 155. *Tull.*, 38.

perium); le tribun qui ne se conformerait pas à la loi nouvelle sur ce point, serait condamné à une amende[1]. Sylla voulait faire du tribunat un instrument docile du sénat; on découvre bien son intention dans cette disposition de la loi qui ordonnait de choisir les tribuns parmi les sénateurs[2]; et dans cette autre qui excluait des charges curules tous les sénateurs qui auraient accepté les fonctions tribunitiennes[3]. Dès lors qui accepterait les fonctions de tribun? les sénateurs sans talent, sans ambition : le nouveau tribunat n'était plus que l'ombre de l'ancien (*imago sine re*)[4].

Sylla ne jugea pas nécessaire de faire revivre la loi de 88, par laquelle il avait rétabli les centuries de Servius; il n'avait plus besoin de cette réforme pour diriger les élections; il préféra régler à nouveau les conditions du *cursus honorum* pour les nobles. La loi *Cornelia de magistratibus* rétablissait les dispositions de la lex Villia annalis[5] pour le consulat et la préture, les deux grandes magistratures dont les titulaires possédaient l'imperium : nul ne pourrait être consul avant d'avoir été préteur, nul ne pouvait être élu préteur avant d'avoir exercé la questure. Le minimum d'âge exigé pour la questure fut fixé à 30 ans[6]. Pour ce qui concernait le consulat, Sylla supprima la loi de 151 qui défendait la réélection[7], mais décida, conformément au plébiscite de 342 qu'on ne pour-

[1]) Cic., *in Verr. accus.*, 1, 60, 155.
[2]) App., *b. c.*, 1, 100. Cf. Dio C. 37, 9.
[3]) App., *b. c.*, 1, 100. Ascon., p. 78. Ps. Ascon., p. 200.
[4]) Vell., 2, 30. Cf. Dion., 5, 77. Sall., *Hist.*, 1, 41, 23. 3, 61, 3 D. Ps. Ascon., p. 102.
[5]) Loi du tribun L. Villius de 180, voir plus haut tome I, page 511.
[6]) Avant Sylla on pouvait briguer la questure quand on avait servi pendant dix ans à l'armée. Or le service militaire commençait à dix-sept ans, depuis 212 on pouvait même compter ses années de service à partir de seize ou même de quinze ans, de sorte qu'on pouvait se faire nommer questeur à vingt-six ou vingt-sept ans. Ti. et C. Gracchus avaient cet âge quand ils furent nommés questeurs. A l'époque de Cicéron il fallait avoir trente ans révolus. Cicéron nous dit qu'il fut questeur dès la première année (*anno suo*) à laquelle il pouvait légalement y parvenir; il était dans sa trente et unième année. (Cic., *de Leg. agr.*, 2, 2; *de Off.*, 2, 17.). C'était la loi Cornelia qui avait élevé l'âge légal à 30 ans.[N. D. T.]
[7]) Voir plus haut, tome I, page 571.

rait être réélu consul qu'après un intervalle de dix ans[1]. Cette loi est certainement des premiers temps de la dictature; car Sylla dirigea les élections consulaires et prétoriennes faites en 82 pour 81 : Q. Lucrétius Ofella, qui n'avait été ni questeur ni préteur voulait se faire nommer consul; Sylla le fit assassiner publiquement par L. Annius Bellienus, l'oncle de Catilina[2]. On ne peut certainement pas reporter cet incident aux élections qui eurent lieu pour l'année 80. Les consuls élus furent M. Tullius Decula, qui avait échoué précédemment quand il avait brigué l'édilité[3], et Cn. Cornélius Dolabella (*Cn. filius*); il avait eu un commandement dans l'armée syllanienne qui livra le combat de la Porte-Colline[4]. Nous ne savons presque rien de leur administration, sinon qu'ils prirent la défense des intérêts du trésor en refusant d'exécuter certains sénatus-consultes qui avaient ordonné la vente, dans de mauvaises conditions, de propriétés publiques[5]. On comprend que tous les magistrats élus furent choisis dans le parti syllanien[6]; parmi les préteurs on signale un Cn. Cornélius Dolabella qu'il ne faut pas confondre avec le consul du même nom[7].

Le sénat devait être le pivot sur lequel reposerait la nouvelle constitution, Sylla voulut augmenter le nombre de ses membres; il fallait en effet qu'il comprît plus de membres[8] pour justifier l'importance qu'on allait lui donner; on y fit entrer environ trois cents membres nouveaux choisis parmi les chevaliers[9], et on fit approuver les nouveaux choix individuellement par les tribus[10]. Il est cependant difficile d'admettre que les comices par tribus furent appelés à désigner les trois cents nouveaux sénateurs; une telle opération électorale eût

[1]) App., *b. c.*, 1, 100. Cf. Cic., *de Leg.*, 3, 3, 9. Cæs., *b. c.*, 1, 32. Dio C., 40, 51. Voir tome I, page 277 et seq.
[2]) App., *b. c.*, 1, 101. Plut., *Sull.*, 33. Liv., *ep.*, 89. Ascon., p. 92. Cf. Dio C., 37, 10.
[3]) Cic., *Planc.*, 21, 51.
[4]) Plut., *Sull.*, 28. 29. Cf. Ascon., p. 73. 26.
[5]) Cic., *de Leg. agr.*, 2, 14. 35 et seq.
[6]) Sall., *Hist.*, 1, 41, 21 D.
[7]) Cic., *Quinct.*, 2, 9. 8, 30.
[8]) Cf. App., *b. c.*, 1, 103. Oros., 5, 22. Eutr., 5, 9.
[9]) Liv., *ep.*, 89. Cf. Cic., *Rosc. Am.*, 3, 8. Dion., 5, 77.
[10]) App., *b. c.*, 1, 100.

été trop longue ; il est probable que chaque tribu, comme cela s'était fait pour la loi Plautia judiciaria, eut à désigner un certain nombre de chevaliers, 9 par exemple ($9 \times 35 = 315$) sur une liste dressée par Sylla. Rapprochons ces deux faits : pendant son consulat Sylla avait proposé de compléter le sénat en choisissant uniquement des nobles; devenu dictateur il a plus que jamais l'intention de favoriser l'aristocratie et de lui assurer toute l'influence politique; nous sommes obligés de conclure qu'il a dû avoir des raisons particulières pour prendre les nouveaux sénateurs dans l'ordre des chevaliers. Ces raisons, nous les trouvons facilement dans les faits historiques des derniers temps : C. Gracchus avait songé à composer les tribunaux avec les trois cents senateurs et trois cents chevaliers; M. Livius Drusus avait proposé une transaction semblable en faisant entrer trois cents chevaliers au sénat ; il devient dès lors très probable que Sylla eut l'idée de choisir les nouveaux sénateurs parmi les chevaliers au moment même où il présenta sa *lex Cornelia judiciaria*. Les chevaliers, qui avaient conservé les places de juges malgré la loi Plautia ou plutôt parce que la loi Plautia avait été rapportée par les Marianiens, les chevaliers cédaient enfin les places de juges aux sénateurs[1]. On peut donc admettre que Sylla s'inspira pour la réforme judiciaire des idées de conciliation émises par M. Livius Drusus ; il fit entrer des chevaliers dans le sénat, et, conformément à la loi Plautia, il laissa le choix des nouveaux sénateurs aux tribus. Il est donc probable que Sylla opéra la réforme judiciaire au début de la dictature, et qu'elle fut corrélative de la transformation subie par le sénat[2]. Il est certain aussi que la loi judiciaire fut présentée avant la loi *de Viginti quæstoribus*[3]. On nous dit cependant, les témoignages sont formels, que les tribunaux organisés par Sylla ne furent maintenus que pendant dix ans[4], et qu'on les supprima en 70, donc la loi judiciaire serait de 80. Nous soutenons qu'il n'y a

1) Vell., 2, 32. Cic., *in Verr. act.*, 1, 13, 37. 38. Ps. Ascon., p. 99. 102. 103. 145. 149. 161. Schol. Gron., p. 384. 426.
2) Cf., Cic., *Brut.*, 90, 311.
3) Tac., *Ann.*, 11, 22.
4) Cic., *in Verr. act.*, 1, 13, 37. 38. Ps. Asc., *l. c.*

par là une preuve suffisante pour permettre d'infirmer ce que nous venons de dire : les tribunaux ne furent pas organisés immédiatement après le vote de la loi judiciaire, mais après le vote des lois criminelles ; le procès de Sex. Roscius[1], en 80, fut le premier procès plaidé devant les nouveaux juges[2].

La noblesse avait, de tout temps, exercé une grande influence au moyen des collèges sacerdotaux de pontifes, d'augures et de *decemviri sacrorum*; aussi elle avait vu de très mauvais œil la loi *Domitia de sacerdotiis* de 104, qui admettait le peuple à l'élection des prêtres et limitait la cooptation : elle avait appliqué aux grands collèges sacerdotaux ce qui se pratiquait pour l'élection du grand pontife, à laquelle le peuple prenait part. Sylla supprima le plus tôt possible la loi Domitia, et fit voter la loi *Cornelia de sacerdotiis*[3]. Il n'enleva pas au peuple le droit déjà très ancien de concourir à l'élection du grand pontife[4]. Un article de la loi augmentait le nombre des prêtres des trois grands collèges, il était porté à 15[5]. La loi sur les sacerdoces dut être présentée en même temps que la précédente : Tite-Live en parle comme d'une des conséquences immédiates de la loi qui avait doublé le nombre des sénateurs. Quel avait été le but de Sylla? problablement de fournir à certains sénateurs nouveaux l'occasion d'entrer dans ces collèges, le sénat ayant un grand respect, une grande estime pour les fonctions religieuses. On nomma immédiatement les nouveaux titulaires : Q. Cæcilius Métellus Pius fut élu grand pontife à la place de Q. Mucius Scevola[6]. Il faut bien se garder de croire

[1]) Gell., 15, 28.
[2]) Cic., *Rosc. am.*, 5, 11. 10, 28. Schol. Gron., p. 427.
[3]) Dio C., 37, 37. Ps. Ascon., p. 102. Plut. se trompe, *Cæs.*, 1.
[4]) Cic., *de Leg agr.*, 2, 7, 18.
[5]) Liv., *ep.*, 89., Aur. Vict., *Vir. ill.*, 75. Serv , *ad Æn.*, 6, 73. Cf. Tac., *Ann.*, 6, 12. Sous les rois le nombre des augures était probablement de quatre y compris le roi; sous la République, jusqu'à la loi Ogulnia de 300 il y eut six augures; après 300, neuf. Sylla en ajouta six, César décida qu'il y aurait seize augures. Quant aux Pontifes, il y en eut d'abord cinq, puis huit après la loi Ogulnia, et neuf probablement à partir de 253, époque à laquelle le premier plébéien, T. Coruncanius, fut nommé grand pontife.

Il y eut dix decemviri sacrorum jusqu'à Sylla; c'est en 51 que l'on parle pour la première fois des *quindecim viri*. (Cic., *Fam.*, 8, 4, 1.) [N. D. T.]
[6]) Cf. Ascon., p. 80. 87.

que Sylla avait eu l'intention de fortifier la religion d'État; voici un fait qui le prouve : une place de flamine de Jupiter était vacante par suite de la mort de L. Cornélius Mérula en 87; le jeune C. Julius Cæsar l'avait refusée, Sylla ne nomma personne à sa place[1].

A la même époque aussi fut présentée la loi *Cornelia de proscriptione*; la loi Valéria avait approuvé les assassinats et les confiscations de biens; mais une loi spéciale avait été jugée nécessaire pour régler toutes les conséquences de la proscription et de la guerre civile; ainsi défense était faite d'accorder la moindre protection aux proscrits[2]; non seulement les confiscations étaient confirmées[3], mais on y ajoutait les biens de ceux qui avaient succombé pendant la guerre en combattant dans les rangs ennemis[4]. On exceptait cependant une partie de leurs esclaves : les plus jeunes et les plus valides devaient être affranchis et recevoir le titre de citoyens[5]. La loi privait les fils et les petits-fils des proscrits et de ceux qui avaient péri pendant la guerre, du droit d'arriver aux honneurs (*jus honorum*)[6], sans doute pour garantir les acheteurs de biens confisqués contre les revendications des héritiers[7]. Enfin elle fixait une date au delà de laquelle on ne pourrait plus dresser de listes de proscriptions ni confisquer de biens; cette date était celle du 1er juin 81[8]; si l'on considère qu'il fallait un certain temps pour exécuter la loi, qu'elle était absolument nécessaire pour liquider le passé révolutionnaire[9], on n'hésite pas à conclure qu'elle a dû nécessairement être présentée tout au commencement de la dictature. Plus de dix mille esclaves durent la liberté à la loi de proscription, ils prirent le nom de *Cornelii*,

1) Suet., *Cæs.*, 1. *Aug.*, 31. Dio C., 54, 36. Tac., *Ann.*, 3, 58.
2) Cic., *in Verr. accus.*, 1, 47, 123. Ps. Ascon., p. 193.
3) Suet., *Cæs.*, 11.
4) Cic., *Rosc. Am.*, 43, 175.
5) App., *b. c.*, 1, 100.
6) Liv., *ep.*, 89. Vell., 2, 28. Sall., *Hist.*, 1, 41, 6 D. Plut., *Sull.*, 31. Cic., 12. Dion., 8, 80.
7) Cf. Cic., *de Leg. agr.*, 3, 2, 6 et seq.
8) Cic., *Rosc. Am.*, 44, 128.
9) Cic., *de prosc. lib.* Apud Quint., 11, 1, 85. Cic. fr., p. 946 (édit. Orelli, tome II).

et furent, par reconnaissance, de sincères soutiens du dictateur[1].

En admettant que ces cinq lois furent rendues vers le mois de novembre 82, nous pouvons supposer que le dictateur employa les six mois qui suivirent jusqu'au 1er juin 81 à faire vendre les biens confisqués et à réorganiser l'Italie.

Sylla n'eut pas honte de procéder lui même[2] à la vente des biens. Je vends mes dépouilles, disait-il.[3] Les riches furent moralement obligés d'acheter[4]; un certain nombre profitèrent avec empressement de l'occasion pour s'enrichir. Sylla en garda une partie pour lui[5], et en distribua à ses créatures[6] à L. Cornélius Chrysogonus[7], à C. Verrès[8], et à P. Cornélius Sulla[9].

Qu'entendait-il par rétablir l'ordre en Italie? Rétablir l'ordre signifiait châtier, en vertu de la loi Valeria, les villes rebelles, démolir leurs fortifications, imposer des contributions nouvelles et des amendes, confisquer des territoires pour les donner à ses soldats[10]. Tel fut l'objet des *leges Corneliæ* qui réglèrent l'état de la propriété en Italie et décidèrent la création de plusieurs colonies en faveur des soldats[11]. Il est peu admissible de prétendre que Sylla les soumit à l'acceptation du peuple; il avait, pour régler ces questions, un pouvoir absolu conféré par la loi Valeria. Il eut à prendre une série de dispositions qui formèrent plusieurs lois, et dut s'en occuper pendant la plus grande partie de l'année 81.

Au milieu de ces opérations eut lieu le triomphe de Sylla;

1) App., *b. c.*, 1, 104. Ascon., p. 75 I. L. A., p. 168.

2) Plut., *Sull.*, 33. Syncr., 3. Cic., *Quinct.*, 24, 76; *Arch.*, 10, 25.

3) Cic., *in Verr. acc.*, 3, 35, 81. *de Leg. agr.*, 2, 21, 56; *de Off.*, 2, 8, 27. Sall., *Hist.*, 1, 41, 17 D.

4) Sall., *Hist.*, 1, 41, 18 D.

5) Liv., *ep.*, 89.

6) Cic., *Off.*, 1, 14, 43. Sall., *Hist.*, 1, 31. 1, 41, 17 D.

7) Cic., *Rosc. Am.*, 2, 6. 8, 21. 46, 133. Plut., *Cic.*, 3.

8) Cic., *in Verr. accus.*, 1, 15, 38.

9) Cic., *Off.*, 2, 8, 29.

10) App., *b. c.*, 1, 96. 100. Flor., 3, 21, 27. Cf. Suet., *Ill. gramm.*, 11.

11) Cic., *de Leg. agr.*, 2, 28, 78. 3, 2, 6. 8. 3, 3, 12; *Agrim.*, p. 230 et seq. (Lachmann.)

il dura deux jours[1], et commença le 27 janvier 81[2]; Sylla ne voulut triompher que de Mithridate[3]; dans le cortège il ne laissa figurer que les statues des villes grecques et des villes asiatiques[4]; les citoyens chassés par les marianiens et rappelés par Sylla y prirent part et fêtèrent Sylla qu'ils avaient surnommé leur sauveur[5].

Sylla s'occupa ensuite de répartir les soldats sur les terres qui leur furent assignées; l'opération fut longue, et ne put être terminée pour le 1er juin 81; Sylla eut à pourvoir de terres les soldats de vingt-trois légions[6], de quarante-sept disent d'autres témoignages[7]. L'établissement des colonies de soldats syllaniens se fit de la même manière que celui des colonies de citoyens[8]; seulement les commissions chargées de les fonder (*de ducere*)[9] ne furent pas nommées par le peuple, Sylla en désigna les membres. Les terres distribuées aux nouveaux colons ne pouvaient être aliénées[10]; il est curieux de retrouver dans les lois de Sylla une pareille disposition empruntée à la loi Sempronia; c'est que Sylla voulait, comme les Gracques, constituer une classe de cultivateurs fixés à demeure sur leurs terres. Les soldats furent, ou bien envoyés dans les colonies nouvelles, ou bien mis en possession de terres auprès des municipes italiotes[11]; ils furent dispersés sur tous les points de la péninsule, où ils défendirent les intérêts de Sylla, comme le faisaient les Cornelii à Rome. Une seule colonie fut établie en dehors de l'Italie, probablement à Aléria en Corse[12].

Les nouveaux venus ne purent s'entendre avec les anciens

[1]) Plin., *n. h.*, 33, 1, 5, 16.
[2]) *Fast. triumph.*, I. L. A., p., 460.
[3]) App., *b. c.*, 1, 101. Eutr., 5, 9. Flor. 3, 5, 11. Cf. Cic., *Phil.*, 14, 8, 23.
[4]) Val. Max., 2, 8, 7.
[5]) Plut., *Sull.*, 34.
[6]) App., *b. c.*, 1, 100.
[7]) Liv., *ep.*, 89.
[8]) Vell., 1, 15.
[9]) *Agrim.*, p. 236 Lach.
[10]) Cic., *de Leg. agr.*, 2, 28, 78.
[11]) App., *b. c.*, 1, 96. *Agrim.*, p. 230 et seq. Plin., *n. h.*, 14, 6, 8, 62. Cic., *Cat.*, 3, 6, 14. *Sull.*, 21, 60 et seq. Florus., 3, 31, 27.
[12]) Plin., *n. h*, 3, 6, 12, 80.

habitants, par exemple à Puteoli[1] et à Pompéi[2]; quelques villes eurent l'audace de repousser les nouveaux colons ou de les chasser ensuite; ainsi firent Nola dans le Samnium et Volaterræ en Etrurie[3]. Les habitants de Volaterræ égorgèrent l'ancien préteur Carbo, un frère de Cn. Papirius Carbo, que Sylla leur avait imposé comme préfet[4]. Ils recueillirent dans leur ville des proscrits, formèrent quatre légions et résistèrent pendant deux ans[5]; Sylla vint diriger le siège en septembre 81[6]. Nola fut occupée en 80[7], mais Volaterræ prolongea la résistance jusqu'en 79, elle se rendit après avoir assuré aux proscrits les moyens de s'échapper[8]. Peu après son retour de Volaterræ, avant la reddition de la place[9], Sylla fit voter par les comices centuriates la loi *de civitate Volaterranis adimendâ*; en effet la loi Valeria n'autorisait pas le dictateur à priver des citoyens de leur titre, il fallait pour cela une loi particulière. La loi ne visait pas seulement les habitants de Volaterræ, elle atteignait aussi d'autres rebelles[10], probablement les habitants de Nola, et aussi ceux de Arretium[11]. Dépouillées des droits de cité ces villes n'eurent plus que le droit latin d'Ariminum[12].

Sylla, après son triomphe, s'occupa aussi des questions financières; les besoins pressants du trésor lui en firent un devoir[13]. Il supprima la colonie de Capoue, et rendit au trésor les revenus de l'ager campanus[14]; et, comme il n'avait à tenir compte que des vœux de ses soldats, non des vœux du peuple, il supprima les distributions de blé[15]. Les distributions avaient

1) Plut., *Sull.*, 37.
2) Cic., *Sull.*, 21.
3) Gran. Lic., p. 39. Cf. Liv., *ep.*, 89. Schol. Gron., p. 428.
4) Gran. Lic., p. 39.
5) Strab., 5, 2, 6.
6) Cic., *Rosc. am.*, 44, 128. 8, 21. 7, 20. 9, 22. 37, 105. 38, 109.
7) Gran. Lic., p. 39.
8) Gran. Lic., p. 39; il faut lire ce passage en mettant un point après *fuit*; lire *dimiserant*.
9) Cic., *de Dom.*, 30, 79.
10) Cic., *de Dom.*, 30, 79. Sall., *Hist.*, 1, 41, 12 D. Cf. Ps. Asc. p. 102.
11) Cic., *Cæc.*, 33. Cf. *ad Att.*, 1, 19, 4.
12) Cic., *Cæc.*, 35, 102. Cf. 7, 8. Voir plus haut tome 1, page 369.
13) App., *b. c.*, 1, 102. Cf. Cic., *de Leg. agr.*, 2, 14, 35.
14) Cic., *de Leg. agr.*, 1, 7, 21. 2, 29, 81.
15) Sall., *Hist.*, 1, 41, 11 D.

été fixées par la loi Octavia de M. Octavius votée pendant la guerre sociale, ou par la loi Sempronia remise en vigueur au moment où les Marianiens étaient maîtres du pouvoir ; il fallut un sénatus-consulte pour la supprimer [2], et probablement une loi *Cornelia frumentaria*. Sylla établit de nouveaux impôts sur les villes d'Italie et des provinces, il imposa même celles que les traités avaient affranchies de toute redevance [1]. Le peuple ne fut pas consulté, la constitution ne lui reconnaissant pas le droit d'intervenir dans les questions d'impôt; Sylla établit les nouveaux impôts au moyen de sénatus-consultes [3]. Pour avoir plus vite de l'argent, il vendit aux villes le privilège de ne payer aucun impôt à la condition qu'elles verseraient immédiatement une forte somme [4]. Brundusium fut exemptée de tout, parce qu'elle avait rendu à Sylla un grand service, en le recevant lors de son débarquement [5]. Sylla supprima la loi Valeria *de œre alieno* qui avait apporté un grand trouble dans les fortunes, en enlevant toutes garanties de dettes privées [6]; il fallut pour cela un sénatus-consulte, et peut-être une loi *Cornelia de æve alieno*. En 81 cette loi Valeria n'existait plus, puisque T. Crispinus, qui fut probablement questeur, ne l'observait plus [7]. Sylla, d'autre part, de son propre chef, supprima plusieurs créances que l'État aurait pu réclamer à des particuliers [8].

Pendant l'été de 81, Sylla prépara les jeux du cirque, qui devaient compléter son triomphe [9], et servir à célébrer la victoire de la Porte-Colline [10]. En vertu de la loi *Cornelia de ludis victoriæ restituendis*, ils devaient avoir lieu tous les ans du 26 octobre au 1er novembre, jour de la victoire [11]. Un préteur,

[1]) Ascon., p. 90.
[2]) App., *b. c.*, 1, 102.
[3]) Cf. Cic., *de Off.*, 3, 22, 87.
[4]) Cic., *l. c.*, Plut., *Syncr.*, 3. Exuper., 5.
[5]) App., *b. c.*, 1, 79.
[6]) Cic., *Quinct.*, 4, 17.
[7]) Cic., *Font.*, 1, 1. Niebuhr. Les questeurs dont parlent Cic., *in Verr. accusat.*, 1, 14, 37. Plut., *Cic.*, 17, sont de l'année 81.
[8]) Cic., *in Verr. acc.*, 3, 35, 81 et seq.
[9]) Cf., App., *b. c.*, 1, 99.
[10]) Vell., 2, 27. Ascon. p. 94. Ps. Ascon., p. 143. Schol. Gron., p. 396.
[11]) I. L. A., p. 302. 307. Cf. Cic., *in Verr. accusat.*, 1, 10, 31.

sans doute le préteur pérégrin, fut chargé de veiller à leur organisation[1]. Pendant ces jeux, on vit le jeune M. Porcius Cato, et M. Æmilius Scaurus, beau-fils de Sylla, jouer le jeu de Troie[2]; on vit aussi pour la première fois des nobles descendre dans l'arène sur la demande de Sylla et conduire des chars[3].

Après les jeux, Sylla porta son attention sur la réorganisation des magistratures et de l'administration provinciale; il réforma aussi les lois criminelles. Le principe qui présida à ces réformes fut toujours le même : il s'agissait de réformer la constitution au profit de l'oligarchie des nobles. Tout fut fait avant la fin de 81, puisque Sylla considéra l'année 80 comme une année d'épreuve[4] pour voir fonctionner sa nouvelle constitution; du reste les nouveaux tribunaux criminels étaient installés pour 80 : Sex. Roscius fut jugé d'après les nouvelles lois[5]. Les lois criminelles précédèrent la législation sur les magistratures et sur l'administration des provinces. Peut-on les placer avant l'époque où furent célébrés les jeux de la victoire? Non, parce que Sylla n'en eut pas besoin avant; de plus comme elles étaient très étendues, il fallut du temps pour les préparer, et Sylla ne fut libre de s'en occuper que pendant l'été de 81[6].

Il y eut désormais huit préteurs[7]; pendant leur année de charge, ils devaient tous rester à Rome pour rendre la justice; on prorogeait ensuite leur pouvoir, et les préteurs étaient nommés gouverneurs de huit provinces. Il y en avait alors neuf: la Sicile, la Sardaigne, l'Espagne citérieure, l'Espagne ultérieure, la Macédoine (avec l'Achaïe), l'Afrique, l'Asie, la Gaule narbonnaise, la Cilicie; la Gaule cisalpine érigée en province par Sylla fut la dixième. Sylla dut faire une loi *de octo prœtoribus*, nous le présumons d'après ce qui s'est passé pour les questeurs. Les questeurs, avant Sylla, étaient probable-

[1]) Mommsen, *Munzwesen*, p. 625.
[2]) Plut., *Cat. min.*, 3.
[3]) Ascon., p. 89. 94.
[4]) App., *b. c.*, 1, 103. Cic., *Rosc. Am.*, 48, 139.
[5]) Cic., *Rosc. Am.*, 5, 11. 10, 28; *Brut.*, 90, 312; *Off.*, 2, 14, 51. Gell., 15, 28. Quint., 12, 6, 4. Plut., *Cic.*, 3.
[6]) Cic., *Rosc. Am.*, 8, 22. 45, 131.
[7]) Cf. Vell., 2, 16. Dio C., 42, 51; erreur dans le Dig., 1, 2, 2, 32.

ment au nombre de douze, il y en eut vingt désormais; nous avons un fragment de la loi[1] *Cornelia de viginti quæstoribus*, qui fut votée par les comices de tribus[2]. Au point de vue administratif la réforme de la questure était nécessaire; la loi portait encore que les questeurs, en sortant de charge, entraient de droit au sénat; cette disposition concorde avec les lois de *tribunicia potestate* et *de magistratibus*; elle assurait le recrutement régulier du sénat[3], et, comme les fils des proscrits avaient perdu de droit de briguer les honneurs, il n'y avait pas à craindre qu'ils pussent entrer au sénat par la porte de la questure[4]. Mais Sylla n'est pas l'auteur d'une loi *de supplendo senatu*, ni d'une loi sur la censure; il est inexact que la censure ait été supprimée; on lui avait enlevé, il est vrai, la plus importante de ses prérogatives, celle de dresser la liste des membres du sénat (*lectio senatus*), le recrutement de la haute assemblée étant assuré par la loi *de viginti quæstoribus*; voilà pourquoi dans la suite on négligea souvent d'élire des censeurs, mais la censure ne fut pas supprimée[5].

Vint ensuite la loi *de provinciis ordinandis*. Elle confirmait le droit du sénat de déterminer les provinces consulaires et les provinces prétoriennes, sur ce point elle reproduisait les dispositions de la loi Sempronia *de provinciis consularibus*; elle ne supprimait, pas plus que cette loi, la faculté de recourir au peuple pour décider que telle province serait donnée à tel magistrat. Le sénat conservait aussi le droit de proroger les pouvoirs (*prorogatio imperii*); mais il fut convenu qu'après leur année de charge les deux consuls et les huit préteurs seraient chargés, pour une année, du gouvernement des deux provinces consulaires et des huit provinces prétoriennes[6]; on ne supprima pas cependant la formalité de la *Lex curiata de imperio*[7]. L'ancien gouverneur était censé conserver ses pou-

[1]) Tac., *Ann.*, 11, 22.
[2]) I. L. A., p. 108.
[3]) Tac., *Ann.*, 11, 22.
[4]) Dion., 8, 80.
[5]) Cic., *divin. in Cæc.*, 3, 8. Sch. Gron., p. 384. Quand il n'y avait pas de censeurs, les consuls et les préteurs remplissaient leurs fonctions.
[6]) Cic., *Fam.*, 8, 8, 8.
[7]) Cic., *Fam*, 1, 9, 25. Cf. *de Leg. agr.*, 2, 12, 30; *ad Att.*, 4, 18, 2.

voirs (*imperium*), jusqu'au moment où il était rentré dans la ville[1]. Pour empêcher toute contestation entre l'ancien et le nouveau gouverneur, l'ancien devait quitter la province dans les trente jours qui suivraient l'arrivée de son successeur[2]. La loi fixait enfin les dépenses qui étaient à la charge des provinces pour l'entretien des lieutenants, et déterminait la nature et la quantité des présents qui pouvaient leur être faits[3].

Les lois Corneliæ concernant la juridiction criminelle modifiaient la procédure devant les anciens tribunaux (*quæstiones perpetuæ*,) et établissaient de nouveaux tribunaux[4]. La présidence était confiée aux préteurs, qui tous durent rester à Rome pendant l'année de leur charge, comme les deux préteurs urbain et pérégrin déjà astreints à la résidence par leurs obligations de juges civils. Sylla n'avait pas osé supprimer les pouvoirs judiciaires de l'assemblée du peuple, mais il les annulait indirectement au profit du parti oligarchique. Puis Sylla compléta la législation criminelle ; nous connaissons quatre de ses lois: la loi *Cornelia repetundarum*, qui remplaça la loi Servilia de 111[5]; la loi *de majestate* qui supprima la loi Apuleia de 100[6]; la loi *de sicariis et veneficis*[7], qui prit la place d'une loi très ancienne; c'est en s'appuyant sur cette loi que l'on fit un procès à Sex. Roscius; on sait que Cicéron le défendit avec une grande indépendance devant le tribunal que présidait le préteur M. Fannius; enfin la quatrième était la loi *de falsis*[8] appelée aussi *testamentaria*[9] et *nummaria*[10]; elle abrogeait l'édit de M. Marius Gratidianus sur les nouveaux

1) Cic., *Fam.*, 1, 9, 25.
2) Cic., *Fam* , 3, 6, 3. 6.
3) Cic., *Fam.*, 3, 10, 6 ; *ad Q. fr.*, 1, 1, 9. 26.
4) Dig., 1, 2, 2, 32.
5) Cic., *Rob. Post.*, 4, 9.
6) Cic., *Pis.*, 21, 50. Ascon., p. 59. Cf. Cic., *Fam.*, 3, 11, 2; *Cluent.*, 35, 97; *in Verr. accus.*, 1, 5, 12.
7) Cic., *Cluent.*, 20, 55. 54, 148. 55, 151. 56, 44, surtout 54-57; *pro Vareno fr.*, 6 ; *Mil.*, 4, 11. Tac., *Ann.*, 13, 44. *Instit.*, 4, 18, 5. Paul., *Sent. rec.*, 5, 23.
8) Paul., *Sent. rec.*, 4, 7. 5, 25. *Dig.*, 48, 10.
9) Inst., 4, 18, 7. Cic., *in Verr. accus* , 1, 42, 108. Cf. *Nat. deor.*, 3, 30, 74. Suet., *Aug.* 33.
10) Cic., *in Verr. accus.*, *l. c.* Ps. Ascon., p. 189.

deniers et rétablissait le cours forcé[1]. Il y avait plusieurs dispositions communes à toutes ces lois, par exemple celle qui permettait à l'accusé de réclamer un jugement par écrit, ou de se contenter d'une sentence orale[2]; aussi la disposition qui accordait aux sénateurs un droit de récusation plus étendu que pour le commun des citoyens[3].

Il y eut probablement aussi une loi de *peculatu*[4], et une autre *de adulteriis et de pudicitia*[5], qui a dû servir de modèle à la loi Julia[6], et qu'il ne faut pas confondre avec la loi Cornelia de injuriis[7]. La loi *Cornelia de injuriis*[8] n'établissait pas de tribunal nouveau, elle réformait seulement la procédure des actions dites *injuriarum*, mais elle dut être proposée en même temps que les autres. Nous ne pouvons pas décider, vu la confusion des sources, s'il y eut des lois sur la *quæstio de vi* et sur la *quæstio de ambitu*.

Avant la fin de 81 fut votée la loi *Cornelia sumptuaria*, nous la trouvons appliquée en 80[9]. Elle reproduisait sous des formes différentes la loi Licinia de 104 supprimée en 91 par M. Duronius. Aux jours des kalendes, des nones, ides, de jeux et autres fêtes elle défendait de dépenser plus de 300 sesterces pour un repas, les autres jours pas plus de 30; elle fixait un prix maximum que ne devaient pas dépasser les friandises[10]. Sylla limitait aussi les dépenses de luxe des funérailles[11].

Pendant la dictature, la situation des provinces s'était améliorée. En Espagne C. Annius Lucus avait pu franchir les Pyrénées, et Q. Sertorius réduit à l'impuissance, avait pris la

1) Cf. Paul., *Sent. rec.*, 5, 21, 1.
2) Cic., *Cluent.*, 20, 55. 27, 75.
3) Cic., *in Verr. accus.*, 2, 31, 77.
4) Cic., *in Verr. act.*, 1, 13, 39; *Accus.*, 1, 4, 11 et seq. 3, 36, 83; *Cluent.*, 53, 147.
5) Plut., *Syncr. Lys.*, et *Sull.*, 3.
6) Coll., Mos., 4, 2, 2.
7) Cf. *Dig.*, 48, 5, 22, 2.
8) Inst., 4, 4, 8. *Dig.*, 47, 10, 5. 48, 2, 12, 4. 48, 5, 22, 2. Paul., *Sent.*, *rec.*, 5, 4, 8.
9) Plut., *Sull.*, 35.
10) Gell., 2. 24, 11. Macr., *Sat.*, 3, 17, 11 = 2, 13, 11.
11) Plut., *Sull.*, 35.

fuite[1]. En Sicile, M. Perpenna avait également pris la fuite devant Cn. Pompée, qui avait pu rétablir l'ordre[2]. M. Junius Brutus, chargé par Carbo de venir prendre des renseignements sur l'île, fut fait prisonnier par Pompée, et se donna la mort[3]. Carbo lui-même tomba entre les mains de Pompée; Pompée en avait reçu des services, il le fit quand même mettre à mort comme proscrit[4]. En Afrique, Pompée fit encore exécuter Cn. Domitius Ahenobarbus, beau-fils de Cinna[5], qui avait pris le commandement de l'armée marianienne[6] et battu le roi de Numidie Hiarbas; Hiarbas fut remplacé sur le trône de Numidie par Hiempsal[7].

En Asie, il n'y avait pas de marianien; la province resta calme sous L. Licinius Murena, successeur de Sylla. Ce dernier l'avait laissé dans la province avec le titre de propréteur, et les deux légions de Fimbria[8]. L. Murena voulait un triomphe; soutenu par Archelaüs que Mithridate avait renvoyé en l'accusant de trahison[9], Murena, pour des prétextes futiles, avait recommencé la guerre avec le roi de Pont en 83[10]; l'année suivante il vit arriver dans son camp une ambassade envoyée de Rome : Q. Calidius, son chef, lui donna, au nom de Sylla et du sénat, le conseil de ménager Mithridate; il n'en tint aucun compte[11]. Il remporta d'abord quelques petits succès insignifiants[12], mais en 81 il fut battu; il obéit alors à un ordre envoyé de Rome par Sylla. A. Gabinius, chef de l'ambassade, le força à signer la paix à des conditions qui étaient loin d'être

1) Plut., *Sert.*, 7.
2) Diod., 38, 24. Plut., *Pomp.*, 10. Aur. Vict., *Vir. ill.*, 77. Cf. Cic., *in Verr. acc.*, 3, 16, 42. 3, 18, 45. 2, 46, 113.
3) Liv., *ep.*, 89. Cf. Cic., *ad Att.*, 9, 14, 2. Val. Max., 6, 2, 8.
4) Plut., *Pomp.*, 10. App., *b. c.*, 1, 96. Zon., 10, 1. Liv., *ep.*, 89. Val. Max., 5, 3, 5. 6, 2, 8. 9, 13, 2. Oros., 5, 21. Eutr., 5, 8. Cic., *Fam.*, 9, 21, 3. *Att.*, 9, 14, 2. Sall., *Hist.*, 1, 38 D.
5) Oros., 5, 24.
6) Plut., *Pomp.*, 11.
7) Plut., *Pomp.*, 12. Zon., 10, 2. App., *b. c.*, 1, 80. Liv., *ep.* 89. Eutr., 5, 9. Oros., 5, 21. Val. Max., 6, 2, 8. Sall., *Hist.*, 1, 39 D.
8) App., *Mithr.*, 64. Cf. Cic., *in Verr. accus.*, 1, 35, 89.
9) Plut., *Sull.*, 23. Sall., *Hist.*, 4, 61, 12 D. Oros., 6, 2.
10) Liv., *ep.*, 86. App., *Mithr.*, 64. Memnon apud Phot , p. 232 B.
11) App., *Mithr.*, 65.
12) Cf. Cic., *Mur.*, 15, 32.

désavantageuses pour Mithridate [1]. Par politique Sylla accorda le triomphe à L. Murena pour la fin de 81 [2].

Il fallait mettre en mouvement les rouages de la nouvelle constitution; pour 80 Sylla se fit nommer consul [3] —il conserva cependant son titre et ses fonctions de dictateur, — avec son ami [4] Q. Cæcilius Metellus Pius : Sylla violait une de ses lois, la loi de Magistratibus, puisque dix ans ne s'étaient pas écoulés depuis son premier consulat. Il ne fit plus sentir son pouvoir dictatorial qu'à l'Italie; à Rome il respecta le pouvoir de son collègue [5], l'autorité du sénat, l'indépendance des tribunaux [6], et même la puissance tribunitienne, tant qu'elle ne dépassa pas les bornes qui lui avaient été imposées. En voici un exemple; Sylla avait proposé, contrairement aux dispositions de sa loi de Provinciis ordinandis, d'accorder le triomphe à Pompée qui l'avait demandé dans des conditions contraires aux lois; il proposa de l'autoriser à rentrer dans Rome avec son armée, ce fut l'objet de la loi *de Reditu Cn. Pompeii*; mais il engagea le tribun C. Herennius à faire opposition, et sur cette opposition le consul retira sa proposition [7]. Alors, en s'autorisant d'un sénatus-consulte, Sylla ordonna à Pompée de rester à Utique avec une seule légion, et d'y attendre son successeur [8]. Mais l'armée de Pompée se révolta, Pompée fit parvenir à Sylla un rapport où perçait son orgueil, il se comparait au soleil levant. Pour éviter de nouveaux troubles Sylla céda et permit à Pompée de triompher comme il le désirait [9]. La loi de Reditu Cn. Pompeii fut votée, sans qu'il y eut cette fois opposition de la part des tribuns. Quand Pompée arriva avec son armée, Sylla lui donna le surnom de *Grand* [10], et le

1) App., *Mithr.*, 66. Cic., *Leg. man.*, 3, 8.
2) *Fast. triomph.*, I. L. A., p. 460. 463. Cic., *Mur.*, 5, 11. 7, 15; *Leg. man.*, 3, 8.
3) App., *b. c.*, 1, 103.
4) Plut., *Sull.*, 6.
5) Plut., *Sull.*, 6.
6) Cf. Cic., *Rosciana.*
7) Sall., *Hist.*, 2, 12 D. Apud Gell., 10, 20.
8) Plut., *Pomp.*, 13. Zon., 10, 2.
9) Plut., *Pomp.*, 14. Zon., 10, 2. App., *b. c.*, 1, 80.
10) Plut., *Pomp.*, 13, *Crass.*, 7. *Sert.*, 18. Zon., 10, 2.

laissa célébrer son triomphe le 12 mars 80[1]. Pompée n'avait encore occupé aucune magistrature, il triompha comme chevalier[2].

L'année 80 fut une année calme; nous savons peu de chose sur les actes des consuls. On ne dut pas encore songer à nommer des censeurs, et les consuls renouvelèrent les fermes[3]. Sylla construisit la curia Hostilia[4], et releva le Capitole incendié[5]; il se réserva la surveillance de l'édifice, en qualité de *curator*, même après son abdication[6]. Il recula le pomœrium, ce que personne n'avait fait depuis Servius Tullius[7]. Pour plaire au peuple, et lui faire oublier, au milieu des plaisirs le souvenir de la guerre civile, il offrit à Hercule *Victor*, en se conformant aux habitudes nationales[8], la dîme (*decuma*) de ses biens personnels, et à ce sujet nourrit le peuple pendant plusieurs jours de suite[9]. Au milieu de ces fêtes mourut sa femme Metella, il n'interrompit pas les réjouissances; sans tenir compte de sa loi funéraire, il lui éleva un superbe monument. Peu après Sylla contracta un nouveau mariage avec une jeune et frivole personne de la gens Valeria[10].

Aux comices consulaires de 80, le peuple offrit encore le consulat à Sylla; il refusa et fit élire P. Servilius Vatia et Appius Claudius, qui avait été chassé du sénat par les censeurs de 86[11]. Parmi les préteurs élus, tous partisans de Sylla, nous remarquons Q. Calidius qui fut ardemment soutenu par le consul Metellus; Metellus lui témoigna ainsi sa reconnaissance pour le service que Calidius avait rendu à sa famille, en faisant rappeler de l'exil son père le Numidique[12].

1) Gran. Lic., p. 39. *fast. triomph.*, I. L. A., p. 463.
2) Plut., *Pomp.*, 14. *Sert.*, 18. Cic., *Leg. man.*, 21, 61. Plin., *n. h.*, 7, 26, 27, 96. Liv., *ep.*, 89. Eutr., 5, 9. Aur. Vict., *Vir. ill.*, 77.
3) Cic., *in Verr. accus.*, 1, 50, 130.
4) Plin., *n. h.*, 34, 6, 12, 26. Cf. Dio C.. 40, 50. 44, 5.
5) Plut., *Popl.*, 15. Plin., *n. h.*, 7, 42, 44, 138. 36, 5, 6, 45. Tac., *Hist.*, 3, 72.
6) Val. Max., 9, 3, 8. Plut., *Sull.*, 37.
7) Gell., 13, 14, 4. Tac., *Ann.*, 12, 23. Dio C., 43, 50.
8) Diod., 4, 21. Plut., *Qu. rom.*, 18. *Crass.*, 2.
9) Plut., *Sull.*, 35.
10) Plut., *Sull.*, 35.
11) App., *b. c.*, 1, 103. Oros., 5, 22. Cf. Cic., *Planc.*, 21, 51.
12) Cic., *Planc.*, 29, 69. Val. Max., 5, 2, 7.

Sylla pouvait considérer son œuvre de réorganisation comme terminée; la constitution venait de fonctionner pendant un an sous ses yeux; la pacification de l'Italie était très avancée, les nouveaux consuls pourraient se charger de la compléter[1]. A la tête des provinces se trouvaient des gouverneurs soumis au sénat; l'Espagne était encore un peu agitée. Après avoir fui en Afrique[2], Q. Sertorius avait reparu, appelé par les Lusitaniens[3]; il avait gagné la confiance des populations[4], et avait battu plusieurs armées romaines[5]. On crut suffisant d'envoyer dans l'Espagne ultérieure Q. Caecilius Metellus Pius en qualité de proconsul[6]. Sylla n'avait plus aucune satisfaction à réclamer, il avait eu tous les pouvoirs en sa main; il voulut, en égoïste qu'il était, passer les dernières années dans le repos; quand les nouveaux consuls furent entrés en charge, il convoqua une assemblée et devant elle abdiqua la dictature[7]. Il savait qu'il pouvait compter sur le dévouement aveugle des 10 000 Cornéliens et des 120 000 vétérans répandus sur toute la surface de l'Italie; voilà pourquoi, en politique avisé, il osa proposer au peuple de rendre ses comptes. Naturellement personne ne dit mot, mais au moment où Sylla se rendait chez lui, escorté de ses amis et du peuple tout entier, un jeune homme le poursuivit de ses injures. Sylla s'inquiéta de cet incident, et prédit qu'il suffirait à l'avenir pour empêcher un nouveau dictateur de déposer le pouvoir comme il l'avait fait[8].

1) Cf., Gran. Lic., p. 39.
2) Plut., *Sert.*, 9. 10. Gell., 10, 26. Sall., *Hist.*, 1, 61 et seq. D.
3) Plut., *Sert.*, 11.
4) Cf. Gell., 15, 22.
5) App., *b. c.*, 1, 108. Plut., *Sert.*, 12. Liv., *ep.*, 90. Flor., 3, 22.
6) App., *b. c.*, 1, 97. 108. *Iber.*, 101. Aur. Vic., *Vir. ill.*, 63.
7) App., *b. c.*, 1, 103 et seq. Plut., *Sull.*, 34. Oros., 5, 22. Aur. Vict., *Vir. ill.*, 75.
8) App., *b. c.*, 1, 104.

CHAPITRE NEUVIÈME

TRIOMPHE ET RÈGNE DE L'OLIGARCHIE

Sylla avait donné à l'État une organisation politique qui semblait excellente. Mais les conditions morales et sociales, qui doivent former les bases de toute bonne société, manquaient absolument.

L'Italie, sans doute, était préparée pour accepter les mœurs et les lois romaines[1]; mais la guerre sociale et la guerre civile l'avaient ruinée et dépeuplée[2], les vétérans de Sylla ne purent combler les vides de la population disparue. On ne put répartir en une seule fois entre les vétérans les territoires confisqués, une bonne partie resta à l'ager publicus; malgré la loi agraire de 111, malgré les lois syllaniennes, des particuliers surent trouver l'occasion de se les approprier[3]. Il ne fallait pas compter voir refleurir l'agriculture, les soldats[4] n'avaient aucune aptitude pour les travaux des champs; ils n'eurent pas assez d'énergie pour faire les efforts qu'exigeait la remise en culture des terres abandonnées[5]. Plusieurs vendirent leurs lots sans tenir compte de la loi qui le leur défendait, d'autres les abandonnèrent pour reprendre du service ou pour venir vivre à Rome; d'autres moururent avant d'avoir constitué une famille, et leurs lots revinrent à l'État, qui ne sut pas les défendre contre l'avidité des possesseurs; les latifundia[6] prirent une extension de

[1]) Strab., 6, 1, 2.
[2]) Sall., *Hist.*, 1, 36 D. Cic., *Tull.*, 14. Cf. Diod., 37, 40. Obseq., 57. Oros., 5, 22. Eutr., 5, 9. App., *b. c.*, 1, 103.
[3]) Sall., *Hist.*, 1, 41, 12 D. Cic., *de Leg. agr.*, 2, 26. 3, 2, 6. 8. 3, 3, 12. Cf., *ad Att.*, 1, 19, 4.
[4]) Sall., *Cat.*, 11. 16. Cic., *Cat.*, 2, 9, 20.
[5]) Cf. Sall., *Hist.*, 1, 41, 23 D.
[6]) Cic., *de Leg. agr.*, 2, 28, 78. 3, 4, 14.

plus en plus grande; on les fit exploiter par des esclaves, dont le nombre devint si considérable dans certaines contrées qu'on n'osait plus s'y aventurer[1]. Autre chose : les nobles, qui avaient combattu pour exclure le peuple des affaires[2], considérèrent le pouvoir comme un butin qu'ils avaient à se partager[3]. Sous les yeux de Sylla son questeur[4], P. Cornelius Lentulus Sura, se livra aux exactions les plus scandaleuses[5]; le préteur de 81[6], Cn. Cornelius Dolabella, bien secondé par son lieutenant et proquesteur, C. Verres[7], rançonna de toutes façons la province de Cilicie[8]. Des gens bien considérés, comme M. Licinius Crassus, exploitèrent la situation pour faire fortune[9]; ils profitèrent surtout de la dépréciation produite par les confiscations de Sylla[10], pour spéculer et acquérir légalement des propriétés très étendues[11]. Le luxe prit un grand développement, et tous les vices qu'il entraîne parurent au grand jour[12].

Les lois de Sylla paraissaient bien affermies, elles ne furent pas longtemps respectées; du vivant même de leur auteur une d'elles, celle qui enlevait le droit de cité aux habitants de Arretium, fut publiquement violée par les décemvirs (*decemviri stlitibus judicandis*); ils reconnurent le droit de cité à une femme d'Arretium, que M. Tullius Cicéron s'était chargé de défendre[13]. De plus Arretium, Volaterræ conservèrent leur territoire[14], la loi de confiscation ne fut pas exécutée, les vétérans durent être pourvus ailleurs. C'était bien là une viola-

1) Cic., *Tull.*, 8 et seq.

2) Sall., *Hist.*, 3, 61, 11 D.

3) Sall., *Hist.*, 1, 35. 1, 41, 2. 7. 3, 61, 6 D. *Cat.*, 11.

4) Cic., *in Verr. accus.*, 1, 14, 37. P. Cornelius Lentulus Sura était le petit-fils de l'ancien prince du sénat (Cic., *Cat.*, 3, 5, 10. 4, 6, 13).

5) Plut., *Cic.*, 17.

6) Cic., *Quinct.*, 8, 30. 2, 9.

7) Cic., *in Verr. accus.*, 1, 30, 77. 1, 38, 97. 3, 76, 177. Ps. Ascon., p. 129. 169. 181. Schol. Gron., p. 390.

8) Cic., *in Verr. accus.*, 1, 15, 41. 1, 16, 44 et seq. 1, 38, 97. *Act.*, 1, 4, 11.

9) Cic., *de Off.*, 3, 18, 73. 3, 19, 75. Val. Max., 9, 4, 1.

10) Cic., *Rosc. com.*, 12, 33.

11) Plut., *Crass.*, 2. 6.

12) Sall., *Cat.*, 11.

13) Cic., *Cæc.*, 33, 97.

14) Cic., *ad Att.*, 1, 19, 4. *Fam.*, 13, 4, 1. 2.

tion formelle d'une loi de Sylla[1], dont Sylla était seul l'auteur, puisque le peuple, c'est au moins probable[2], pouvait ne pas être consulté sur une loi qui retirait le droit de cité. Après cette décision des juges, tous ceux qui avaient été dépouillés par Sylla de l'avantageuse qualification de citoyen la conservèrent[3]. Voici un fait plus significatif : en 79, un marianien déguisé, M. Æmilius Lépidus, gendre de L. Appuleius Saturninus, posa sa candidature au consulat, et, malgré les instances de Sylla, le vaniteux Pompée la soutint[4]. Sylla avait de bonnes raisons pour se défier de Lépidus, bien que ce dernier lui eût rendu des services comme préteur, ce qui lui avait valu la province de Sicile[5]; Lépidus d'ailleurs n'avait pas manqué de profiter des proscriptions[6] et de son année de gouvernement en Sicile pour s'enrichir[7].

Aussitôt qu'il eut pris possession du consulat, Sylla vivait encore, Lépidus prononça devant le peuple[8] une vraie harangue de tribun, dans laquelle il demandait la suppression des entraves gênantes imposées par la constitution syllanienne. Lépidus n'eut pas, il est vrai, beaucoup de succès, son premier contradicteur fut son collègue Q. Lutatius Catulus, le fils du vainqueur des Cimbres, énergique partisan de Sylla et de ses réformes[9]. Un autre différend entre les deux consuls au sujet de la nomination du *præfectus urbis feriarum latinarum causa* n'eut pas plus de conséquence[10], mais Lépidus put exploiter, au profit de sa cause, la mort de Sylla. Sylla mourut d'une hémorragie[11] à Puteoli où il s'était retiré pour se livrer

[1]) Cic., *de Dom.*, 30, 79.
[2]) Cic., *Cæc.*, 34, 100 et seq.
[3]) Cic., *Cæc.*, 33, 97.
[4]) Plut., *Sull.*, 34. *Pomp.*, 15. Zon., 10, 2.
[5]) Cic., *in Verr. accus.*, 3, 91, 212.
[6]) Sall., *Hist.*, 1, 41, 18 D.
[7]) Sall., *Hist.*, 1, 48, 4 D. Ps. Ascon., p. 100. 205. 206. Cic., *in Verr. accus.*, 2, 3, 8.
[8]) Cf. Sall., *Hist.*, 1, 41 D.
[9]) App., *b. c.*, 1, 105. Sall., *Hist.*, 3, 61. 9 D. Ps. Ascon., p. 200. Cf. Val. Max., 6, 9, 5.
[10]) Sall., *Hist.*, 1, 40 D.
[11]) Plut., *Sull.*, 37. App., *b. c.*, 1, 105. Val. Max., 9, 3, 8. Cf. Plin., 7, 42, 44, 138. 11, 33, 39, 114. 26, 13, 86, 138. Aur. Vic., *Vir. ill.*, 75, Paus., 1, 20, 7.

aux plaisirs[1] et rédiger ses Commentaires[2]. Lépidus voulut d'abord s'opposer à ce que l'on fît des funérailles solennelles à l'ancien dictateur, mais Catulus, soutenu par les vétérans et par Cn. Pompée, put faire passer le décret[3]. Le corps fut ramené de Puteoli à Rome par une escorte imposante que commandait Pompée; on l'exposa sur le forum, on prononça l'éloge de défunt (*laudatio*), puis on brûla le cadavre au champ de Mars. On ne sait pas si le dictateur l'avait demandé dans son testament[4], ou si l'idée de le faire ainsi disparaître fut suggérée par L. Marcius Philippus[5]. Le sénat décida qu'on lui élèverait un monument au champ de Mars à l'endroit où seraient déposées ses cendres[6].

Les fêtes étaient à peine finies; les tribuns demandèrent immédiatement aux consuls de rétablir les privilèges et les droits du tribunat (*potestas tribunicia*), tels qu'ils étaient avant la constitution de Sylla. Lépidus s'y opposa[7], parce que le rétablissement de la puissance tribunitienne serait dangereux pour son parti[8]; mais il se montra disposé à rétablir les distributions de blé, à rappeler les proscrits, à rendre le droit de cité à ceux qui l'avaient perdu dans la dictature, à restituer aux particuliers les propriétés confisquées au profit des vétérans[9]. Quand il présenta ses *rogationes Æmiliæ*[10] (notons en passant qu'on ne peut y comprendre une certaine *lex cibaria*[11]) Catulus l'attaqua avec violence[12], et l'appela non sans raison un second Cinna[13]. Ces rogations révolutionnaires provoquèrent de

1) Plut., *Sull.*, 36. App., *b. c.*, 1, 104.
2) Plut., *Sull.*, 37. *Luc.*, 4. Suet., *gr.*, 12. Cf. Gell., 1, 12. 20, 6.
3) App., *b. c.*, 1, 105. Plut., *Sull.*, 38. *Pomp.*, 15.
4) Cic., *Leg.*, 2, 22, 57. Plin , *n. h.*, 7, 54, 55, 187.
5) Gran. Lic., p. 43.
6) Liv., *ep.*, 90. Plut., *Sull.*, 38.
7) Gran. Lic., p. 43.
8) Cf. Sall., *Hist.*, 3, 61, 12 D.
9) App., *b. c.*, 1, 107. Gran. Lic., p. 43. Sall., *Hist.*, 1, 48, 14 D. Flor., 3, 23, 1-4. Exuper., c. 6. Cf. Liv., *ep.*, 90. Aur. Vict., *Vir. ill.*, 77. Schol. Gron., p. 410.
10) Tac., *Ann.*, 3,27.
11) Macr., *Sat.*, 3, 17, 13 = 2, 13, 13.
12) App., *b. c.*, 1, 107. Cic., *Cat.*, 3, 10, 24.
13) Sall., *Hist.*, 1, 42 D.

tumultueuses assemblées[1], Catulus fit opposition, elles ne purent être votées légalement; cependant Catulus paraît avoir fait exception pour la loi frumentaire qui passa[2]. Le sujet des autres lois provoqua des troubles en Étrurie[3]; les habitants de Fésules chassèrent les vétérans et réoccupèrent leurs terres[4]. Le sénat, dominé alors par un ancien partisan de Marius, P. Cornélius Cethégus[5], crut pouvoir rester maître de la situation sans recourir aux moyens extrêmes : il fit jurer aux deux consuls qu'ils ne feraient pas appel à la force armée[6]; il crut surtout que le désordre cesserait si les deux consuls quittaient Rome; il leur ordonna donc de se rendre chacun dans une province[7], l'un fut envoyé dans la Gaule narbonnaise, l'autre dans la Gaule cisalpine; tous deux devaient ainsi traverser l'Étrurie[8]. Lépidus partit pour la Gaule narbonnaise, décidé à préparer la guerre civile; il prétendait que son serment de ne pas prendre les armes ne le liait que pour son année consulaire[9]. Il s'arrêta en Étrurie[10], où son armée se grossit d'une foule de mécontents[11]. Avant de partir pour la Gaule cisalpine, Catulus fit proposer par un tribun d'ailleurs inconnu, Plautius, une loi *de vi*[12] : elle établissait une quæstio perpetua, chargée de juger les violences pareilles à celles dont Lépidus se rendait en ce moment coupable[13]. Ce que nous avançons là est une hypothèse, mais une hypothèse qui se confirme par l'examen de la législation d'alors : la loi présentée par Catulus (*lex Lutatia*) pour réprimer les violences de Catilina et de ses partisans[14], est désignée sous le nom de *lex Plau-*

1) Flor., 3, 23, 5.
2) Gran. Lic., p. 43.
3) Sall., *Hist.*, 1, 48, 6 D.
4) Gran. Lic., p. 45.
5) Sall., *Hist.*, 1, 48, 20 D. Cf. Cic., *Brut.*, 48, 178.
6) App., *b. c.*, 1, 107. Gran. Lic., p. 45.
7) Sall., *Hist.*, 1, 48, 4. 5 D.
8) Sall., *Hist.*, 1, 44 D.
9) App., *b. c.*, 1, 107.
10) Flor., 3, 23, 5. Cf. Gran. Lic., p. 45.
11) Sall., *Hist.*, 1, 45. 46 D.
12) Cic., *Cæl.*, 29, 70.
13) Cf. Cic., *Cæl.*, 1, 1.
14) Cic., *Cæl.*, 29, 70.

tia de vi[1]. Le danger devenait de plus en plus menaçant, le sénat rappela Lépidus à Rome, sous prétexte qu'il était obligé de présider les comices[2]. Lépidus ne vint pas, et l'année se passa sans que l'on pût procéder aux élections consulaires. Au commencement de l'année 77, Lépidus put se considérer comme proconsul[3], il offrit les conditions d'un accord au sénat; il demandait pour lui un second consulat[4], il exigeait le rétablissement de la puissance tribunitienne[5]. Le sénat montra enfin de l'énergie : il décida, sur la proposition du vieux L. Marcius Philippus[6], que Appius Claudius serait nommé interroi; le proconsul Q. Lutatius Catulus rappelé en toute hâte partagerait avec lui le pouvoir et le soin de veiller au salut de l'État[7]. Lépidus fut déclaré ennemi public[8], et sa loi frumentaire fut très probablement supprimée. Catulus envoya dans la Gaule cisalpine Pompée muni de pleins pouvoirs quoique simple citoyen (*privatus cum imperio*)[9]; la Gaule cisalpine était au pouvoir de M. Junius Brutus, le tribun de 83, qu'il ne faut pas confondre avec celui qui avait péri en Sicile (voir plus haut page 84); il était alors lieutenant de Lépidus[10]. Brutus fut attaqué dans Mutina[11], obligé de fuir, et égorgé sur l'ordre de Pompée[12]; Lépidus, incapable de jouer son rôle[13], fut battu par Catulus près du champ de Mars[14]; Catulus avait fortement occupé le pont Mulvius et le Janicule[15]. Lépidus revint en Étrurie, où il se fit encore battre, sans doute par

1) Sall., *Cat.*, 31. Schol. Bob., p. 368.
2) App., *b. c.*, 1, 207.
3) Sall., *Hist.*, 1, 48, 7 D.
4) App., *b. c.*, 1, 107. Plut., *Pomp.*, 16. Sall., *Hist.*, 1, 48, 15 D.
5) Sall., *Hist.*, 1, 48, 14 D.
6) Cic., *Prov. cons.*, 9, 21. Depuis le retour de Sylla. L. Marc. Philippus avait constamment soutenu les optimates.
7) Sall., *Hist.*, 1, 48, 22 D.
8) Flor., 3, 23, 7.
9) Aur. Vict., *Vir. ill.*, 77.
10) Plut., *Pomp.*, 16. Liv., *ep.*, 90. Zon., 10, 2.
11) Sall., *Hist.*, 1, 50 D.
12) Plut., *Pomp.*, 16. *Brut.*, 4. Zon., 10, 2. Liv., *ep.*, 90. Oros., 5, 22. Val. Max., 6, 2, 8.
13) Suet., *Cæs.*, 3. Sall., *Hist.*, 1, 48, 11 D.
14) App., *b. c.*, 1, 107.
15) Flor., 3, 23, 6.

Pompée, à Cosa[1]. Il s'enfuit en Sardaigne avec ses troupes[2], livra de nombreux combats, et périt[3] pendant l'été[4] avec le préteur L. Valérius Triarius[5]. M. Perperna conduisit les débris de son armée à Q. Sertorius en Espagne[6].

La guerre avait été bien conduite en Italie et en Sardaigne, mais en Espagne Sertorius avait fait de grands progrès[7], et inquiétait sérieusement le sénat[8]. En 77, il était maître de l'Espagne. Le danger était d'autant plus grand pour le sénat, que Sertorius ne bornait pas ses ambitions à l'affranchissement de l'Espagne. Son principal but était de délivrer Rome du gouvernement des nobles en s'appuyant sur les Espagnols[9] disciplinés à la romaine[10]. Quand M. Perperna l'eut rejoint, il constitua avec les Romains qui l'accompagnaient un sénat de trois cents membres[11], pour montrer que le vrai gouvernement de la République n'était pas à Rome, mais dans son camp. C'est ce que montrera plus tard son attitude à l'égard de Mithridate[12]. On devait craindre que Sertorius, dont les forces étaient aug-

1) Rut., *Namat. de reditu.* 1, 297. Exup., c. 6. Oros., 5, 22.

2) Sall., *Hist.*, 1, 54 D.

3) App., *b. c.*, 1, 107. Plut., *Pomp.*, 16. Liv., *ep.*, 90. Flor., 3, 23, 8.

4) Eutr., 6, 5.

5) Ascon., p. 19. Exup., 6. Cf. Cic., *in Verr. accus.*, 1, 14, 37.

6) App., *b. c.*, 1, 107. Plut., *Sert.*, 15. Suet., *Cæs.*, 5. Exup., 7.

7) En 80, Sertorius avait complètement battu le prédécesseur de Metellus, Fufidius (Plut , *Sert.*, 12. Sall., *Hist.*, 1, 68 D); Fufidius fut obligé d'appeler à son secours le gouverneur de l'Espagne citérieure, M. Domitius Calvinus (Sall., *Hist.*, 1, 69 D. Apud Plut., *Sert.*, 12, au lieu de Δομέτιον δὲ καὶ Λουσιον il faut lire Δομέτιον δὲ Καλουίσιον ou Καλουῖνον). Sertorius battit ensuite les lieutenants de Metellus, Thoranius ou Thorius (Plut., *Sert.*, 12. Flor., 3, 22, 6), et L. Domitius Ahenobarbus (Liv., *ep.*, 90. Flor., 2, 22, 6. Oros., 5, 23. Eutr., 6, 1, lui donne faussement la qualité de préteur); Metellus lui-même fut dérouté par la nouvelle manière de combattre qu'avait imaginée Sertorius (Plut., *Sert.*, 12. *Pomp.*, 17); il laissa battre Calvinus par Hirtuleius, questeur de Sertorius, et dut appeler à son secours le proconsul de la Gaule Narbonaise, L. Manlius (Plut., *Sert.*, 12). Manlius fut encore malheureux (Liv., *ep.*, 90. Cæs., *b. g.*, 3, 20. Oros., 5, 23), et Metellus dut renoncer à son projet d'envahir la Lusitanie (Plut., *Sert.*, 13).

8) Sall., *Hist.*, 1, 54 D.

9) Plut., *Sert.*, 22.

10) Plut., *Sert.*, 14. Cf., *Cæs.*, *b. g.*, 3, 23.

11) App., *b. c.*, 1, 108. *Iber.*, 101. *Mithr.*, 68. Plut., *Sert.*, 22.

12) Plut., *Sert.*, 23.

mentées depuis l'arrivée de Perperna, ne parût immédiatement en Italie[1].

Pompée exploita la situation : il avait conservée l'armée avec laquelle il avait combattu Lépidus; il força le sénat à l'envoyer en Espagne contre Sertorius. Catulus le soutint, et montra qu'aucun des consuls de 77 n'était capable d'aller combattre en Espagne comme proconsul[2]; ces deux consuls étaient D. Junius Brutus, et Mam. Æmilius Lépidus Livianus[3] élus grâce à leurs amis, et surtout parce qu'aucun citoyen connu n'avait brigué la première magistrature[4]. Le sénat hésitait, il allait violer la loi Cornelia de provinciis ordinandis, car Pompée n'était que simple chevalier; on le chargea cependant du commandement à la place du consul (*pro consule*), ou plutôt, ce fut Philippus qui trouva l'expression ironique, à la place des consuls, *pro consulibus*[5]. Métellus conserva le gouvernement de l'Espagne ultérieure, Pompée lui fut adjoint et eut les mêmes pouvoirs (*imperium*) que Métellus[6]. En quarante jours, Pompée réunit une grande armée; à la fin de 77 il franchit les Alpes, traversa la Gaule, et arriva en Espagne[7].

Les progrès de Sertorius eurent pour contre-coup, à Rome, la réorganisation de l'opposition marianienne. En 76, le tribun Cn. ou L. Sicinius parla dans les assemblées de rétablir l'ancien tribunat[8]; les tribuns, depuis 80, avaient été, surtout M. Terpolius[9], des serviteurs dociles des Optimates; le nouveau tribun préparait à ce parti de nouvelles tribulations[10]. Les consuls C. Scribonius Curio[11] et Cn. Octavius essayèrent de

1) App., *b. c.*, 1, 108. *Iber.*, 101.
2) Cic., *Phil.*, 11, 8, 18. Dio C., 36, 25 B.
3) Obseq., 58.
4) Sall., *Hist.*, 1, 52. 53 D.
5) Cic., *Leg. man.*, 21, 62. *Phil.*, 11, 8, 18. Cf. Schol. Gron., p. 442. Aur. Vict., *Vir. ill.*, 77. Oros., 5, 23. Dio C., 36, 27.
6) Plut., *Pomp.*, 17. App., *b. c.*, 1, 108. *Iber.*, 101. Liv., *ep.*, 91. Zon., 10, 2. Val. Max., 8, 15, 8. Eutr., 6, 1. Flor. 3, 22, 5.
7) Sall., *Hist.*, 2, 96, 4 D. App., *b. c.*, 1, 109.
8) Sall., *Hist.*, 3, 61, 8 D. Ps. Ascon., p. 103.
9) Ascon., p. 81.
10) Plut., *Crass.*, 7.
11) Il avait été tribun en 90, et avait servi sous Sylla contre Mithridate (Plut., *Sull.*, 14. *Mithr.*, 60).

l'attaquer dans une assemblée que le tribun avait lui-même convoquée[1]. Ils ne purent faire taire le tribun, alors Curio eut recours aux grands moyens : il intenta contre le tribun une accusation, lui reprocha d'avoir violé la loi Cornelia de tribunicia potestate[2], faute qui devait être punie d'une amende; en le traînant devant les tribunaux, il le mit hors d'état de continuer son opposition[3].

En 75, le tribun Q. Opimius recommença la lutte[4]. Nous ne savons pas exactement comment il s'y prit, mais nous savons que le peuple payé pour cela[5] attaqua les deux consuls, L. Octavius et C. Aurélius Cotta, au moment où ils accompagnaient sur la via sacra un candidat à la préture, Q. Æmilius Métellus, qui fut plus tard surnommé le Crétois[6]. Les consuls se refugièrent dans la maison d'Octavius, ils furent très embarrassés pour se tirer de là : ils ne pouvaient offrir au peuple aucun avantage matériel qui pût le désarmer[7]; la situation financière en effet était déplorable par suite des dépenses qu'exigeaient la guerre d'Espagne, les préparatifs contre Mithridate, et par suite aussi des pertes journalières que les pirates faisaient éprouver au trésor. Le grand orateur C. Aurélius Cotta crut pouvoir apaiser le peuple : il proposa la loi *Aurelia de potestate tribunicia*, sur la demande de Opimius[8] : elle rendait aux tribuns la faculté d'arriver aux fonctions curules[9], et supprimait peut-être aussi l'obligation de prendre les tribuns parmi les sénateurs[10]. Cotta donna aussi une loi *Aurelia de judiciis privatis*[11], que nous connaissons mal, mais qui devait nécessairement accorder des avantages au peuple.

[1]) Cic., *Brut.*, 60, 217. Quint., 11, 3, 129. Sall., *Hist.*, 2, 35 D. Cf. Val. Max., 9, 14, 5. Plin., *n. h.*, 7, 10, 12, 55.
[2]) Cf. Cic., *in Verr. accus.*, 1, 60.
[3]) Sall., *Hist.*, 3, 61, 8. 10 D.
[4]) Cic., *in Verr. accus.*, 1, 60. Ps. Ascon., p. 200.
[5]) Cf. Plut., *Cic.*, 6. Cic., *Planc.*, 26, 64. *in Verr. accus.* 3, 92, 215.
[6]) Sall., *Hist.*, 2, 40 D.
[7]) Sall., *Hist.*, 2, 41, 7 D.
[8]) Ps. Ascon., p. 200.
[9]) Cic., *Corn. fr.*, 1, 27. Ascon., p. 78. 66. Ps. Ascon., p. 200. Sall., *Hist.*, 3, 61, 8 D.
[10]) Cf. Cic., *Cluent.*, 40, 112.
[11]) Ascon., p. 67.

Ces quelques réformes irritèrent fort le parti des nobles[1], à tel point que Cotta, très versatile en politique[2], se crut obligé de faire lui-même au sénat la proposition de supprimer ses lois[3]; en 74, le frère de Cotta, M. Aurélius Cotta, supprima la loi *de Judiciis privatis*[4]. On alla plus loin, l'ancien tribun Q. Opimius dut payer une amende pour n'avoir pas tenu compte de l'article de la loi Cornelia qui concernait l'intercession. L'amende fut fixée par le préteur urbain C. Verres en 74 : Opimius perdit toute sa fortune[5].

En 74 cependant, un tribun d'origine obscure[6], L. Quinctius, reprit avec une grande énergie[7], la lutte contre les grands et contre les institutions de Sylla[8]; il fut soutenu, à ce qu'il semble, par l'ancien ami de Marius, P. Cornélius Céthégus[9]. Le consul L. Licinius Lucullus réussit à le calmer par son influence personnelle, et le décida à retirer ses propositions[10]. Quinctius, du reste, obtint un avantage : il fit échouer les tentatives des grands pour faire rapporter la loi Aurelia de tribunicia potestate. A la fin de son tribunat[11], il eut encore la satisfaction de découvrir après une enquête les preuves de la corruption des juges sénatoriaux déjà si impopulaires[12]; il ouvrit aussitôt la campagne contre la loi Cornelia judiciaria[13].

A ce moment les embarras du gouvernement ne venaient pas seulement de l'opposition tribunitienne, les relations extérieures étaient mauvaises[14]. Appius Claudius, consul de 79, avait commencé et continué comme proconsul des opérations

1) Cic., *Corn. fr.*, 1, 27.
2) Q. Cic., *Pet. cons.*, 12, 47.
3) Cic., *Corn. fr.*, 1, 8. Ascon., p. 66.
4) Cic., *Corn. fr.*, 1, 9. Ascon., p. 67.
5) Cic., *in Verr. accus.*, 1, 60. Cf. Cic., *Cluent.*, 33, 90 et seq.
6) Cic., *Cluent.*, 40, 112.
7) Cic., *Cluent.*, 34, 94. 40, 110. Cf., *Brut.*, 62, 223.
8) Ps. Ascon., p. 103. Plut., *Luc.*, 5.
9) Plut., *Luc.*, 5. Cf. Cic., *Cluent.*, 31, 48.
10) Plut., *Luc.*, 5. Sall., *Hist.*, 3, 61, 11 D.
11) Cic., *Cluent.*, 33, 90. 39, 108.
12) Cic., *Cluent.*, 22, 61.
13) Cic., *Cluent.*, 27, 74. 28, 77. 29, 79. Ps. Ascon., p. 141. Cf. p. 127. Schol. Gron., p. 386. 395.
14) Sall., *Hist.*, 2, 41 D. App., *b. c.*, 1, 111.

militaires contre les peuples des frontières septentrionales de la Macédoine[1]; après sa mort[2], son successeur C. Scribonius Curio leur avait donné depuis 75 une grande extension[3]. P. Servilius Vatia, consul aussi de 79, avait fait, comme gouverneur de Cilicie, une campagne de trois ans contre les Isauriens pour arrêter la piraterie; il fut surnommé Isauricus et revint triompher à Rome en 75[4], mais il ne détruisit pas la piraterie[5]. Il fallut en 74 donner au fils de l'orateur M. Antoine chargé pendant sa préture de la répression des pirates, il fallut lui donner la surveillance des côtes (*Cura oræ maritimæ*) sur plusieurs provinces; son pouvoir ne fut pas délimité (*imperium infinitum*)[6]; or M. Antonius était incapable de remplir cette mission[7], il avait été désigné sur les instances du consul M. Aurelius Cotta et du tout puissant P. Cornélius Céthégus[8]. On s'aperçut aussi que Cyrène, exposée aux attaques des pirates, avait besoin d'une nouvelle organisation. Cyrène avait été donnée à la république par le roi Apion en 96[9], mais on n'en avait pas fait une province[10], on l'avait rattachée à l'Afrique ou à la Macédoine. On chargea le questeur P. Cornélius Lentulus Marcellinus (75), en qualité de questeur *pro prætore*, d'organiser et de gouverner Cyrène[11].

En Asie venait de surgir une difficulté bien plus sérieuse : le roi Nicomède était mort en 75 ou 74, et avait légué son

1) Liv., *ep.*, 91. Oros., 5, 23. Obseq., 59.
2) Eutr., 6, 2. Oros., 5, 23.
3) Liv., *ep.*, 92. 95. Eutr., 6, 2. Oros., 5, 23. Sall., *Hist.*, 2, 33. 2, 41, 7. 3, 8. 4, 68 D. Front., *Strat.*, 4, 1, 43.
4) Liv., *ep.* 90. 93. Eutr., 6, 3. Flor., 3, 6, 1-5. Vell., 2, 39. Oros., 5, 23. Cf. Strab., 12, 6, 2. Suet., *Cæs.*, 3. Sall. *Hist.*, 1, 78 et seq. 3, 53 D. Front., *Strat.*, 3, 7, 1. Ammian. Marc., 14, 8, 4. Cic., *in Verr. accus.*, 1, 21, 57. 3, 90, 211. 4, 10, 21. 4, 38, 82. 5, 26, 66. 5, 30, 79; *Leg. agr.*, 1, 2, 5. 2, 19, 50. *Leg. man.*, 23, 68. *Flacc*, 3, 6. Ps. Ascon., p. 173. Schol., Gron., p. 404. I. L. A., p. 559.
5) App., *Mithr.*, 93.
6) Vell., 2, 31. Cic., *in Verr. accus.*, 2, 3, 8. 3, 91, 213. Ps. Ascon., p. 122. 176. 206. Schol. Bob., p. 234. Sall., *Hist.*, 3, 54 D.
7) Plut., *Ant.*, 1.
8) Ps. Ascon., p. 206.
9) Obseq., 49. Cassiodor., p. 620. (Mommsen).
10) Liv., *ep.*, 70. Plut., *Luc.*, 2. Jos. *Ant. Jud.*, 14, 7, 2.
11) Sall., *Hist.*, 2, 39 D. Cf. App., *b. c.*, 1, 111. *Mithr.*, 121.

royaume de Bithynie au peuple romain[1]. Mithridate avait profité de l'occasion pour recommencer la guerre; il y songeait depuis longtemps[2]; il avait bien accueilli les lieutenants de Fimbria, L. Fannius et L. Magius[3], et, par leur intermédiaire, il espérait s'allier avec Q. Sertorius. Il promit à ce dernier trois mille talents et quarante vaisseaux; si Sertorius l'emportait, il lui abandonnerait la possession des deux royaumes de Bithynie et de Cappadoce. Sertorius lui envoya un général, M. Varius (ou Marius) avec un corps d'élite[4].

Au moment même où le sénat apprenait que Mithridate avait fini ses préparatifs[5], il recevait une lettre de Pompée[6]. Il avait, en 76, battu M. Perperna et C. Herennius[7]; mais il avait été ensuite trompé par Sertorius[8] et battu à Lauron[9]; Métellus avait remporté un avantage près d'Italica sur Hirtuleius, le questeur de Sertorius[10]. En 75, Pompée qui avait voulu combattre près de Sucro, sans attendre Métellus, avait été de nouveau battu[11]. Réunis, les deux chefs romains purent remporter une victoire à Sagonte[12], mais Sertorius gardait l'avantage[13], et les proconsuls manquaient de ressources pour donner aux opérations une impulsion efficace[14]. Pompée

1) App., *Mithr.*, 7, 71. *b. c.*, 1, 111. Liv., *ep.*, 93. Eutr., 6, 6. Sall., *Hist.*, 4, 61, 9 D.

2) App., *Mithr.*, 67. Sall., *Hist.*, 1, 48, 8. 2, 41, 7 D.

3) Cf. Cic., *in Verr. accus.*, 1, 34, 87.

4) Plut., *Sert.*, 23. 24. *Luc.*, 8. 12. Oros., 6, 2. App., *Mithr.*, 68. 112. Ps. Ascon., p. 183. Liv., *ep.*, 93. Flor., 3, 22, 4. Cf. Sall., *Hist.*, 2, 49. 3, 11. 12 D. Cic., *Mur.*, 15, 32. *de Leg. man.*, 4, 9.

5) Plut., *Luc.*, 7. App., *Mithr.*, 69. 70.

6) Sall., *Hist.*, 2, 96 D.

7) Plut., *Pomp.*, 18. Sall., *Hist.*, 2, 96, 6. 2, 18 D.

8) Cf. Liv., *fr. lib.*, 91.

9) App., *b. c.*, 1, 109. Plut., *Sert.*, 18. *Pomp.*, 18. Front., *Strat.*, 2, 5, 31. Oros., 5, 23. Flor., 3, 22. 7. Liv., *ep.*, 92. Obseq., 58. Sall., *Hist.*, 2, 96, 5. 2, 15. 16 D. Schol. Bob., 235.

10) Liv., *ep.*, 91. Oros., 5, 23. Aur. Vict., *Vir. ill.*, 63. Front., *Strat.*, 2, 1, 2. 2, 3, 5. 2, 7, 5. Sall., *Hist.*, 2, 17 D.

11) Plut., *Sert.*, 19. *Pomp.*, 19. App., *b. c.*, 1, 110. Liv., *ep.*, 92. Obseq., 59. Cic., *Balb.*, 2, 5.

12) App., *b. c.*, 1, 100. Plut., *Sert.*, 21. Sall., *Hist.*, 2, 21. 22 D.

13) Liv., *ep.*, 92. 93. Obseq., 60. App., *b. c.*, 1, 112. Oros., 5, 23. Sall., *Hist.*, 2, 41, 6 D. Cf. Cic., *Font.*, 2, 4. 3, 6.

14) Plut., *Sert.*, 21. *Pomp.*, 19.

exigea des renforts, menaça le sénat, déclara qu'il quitterait l'Espagne, et que la guerre aurait alors l'Italie pour théâtre[1].

Le consul L. Licinius Lucullus voulut se donner le mérite de faire sortir la république de tous ces embarras. Lucullus pendant sa questure avait accompagné Sylla en Asie et lui avait rendu de grands services à partir de 87[2]; il n'était revenu qu'en 80; en 79, il avait été édile curule[3] avec son frère M. Terentius Varro Lucullus, qui avait aussi servi Sylla, mais pendant la guerre civile[4]; en 78, il fut préteur et eut le gouvernement de l'Afrique[5]. Sylla avait pour lui une grande estime, il lui avait dédié ses Commentaires et, en mourant, il lui confia la tutelle de ses enfants[6]. Lucullus était jaloux de Pompée, qui avait été plus heureux que lui jusqu'alors; il accepta cependant de faire droit à ses exigences; il calculait que, si l'on refusait, Pompée reviendrait à Rome, et se ferait donner la direction de la guerre contre Mithridate[7]. On envoya deux légions à Pompée[8]. Lucullus voulait avoir le commandement de la guerre d'Asie, or le sort lui avait attribué la Gaule Cisalpine[9]; après la mort de L. Octavius, gouverneur de Cilicie, Lucullus par l'intermédiaire de P. Cornelius Céthégus, son ancien adversaire — il le gagna au moyen d'une courtisane — se fit donner la Cilicie au lieu de la Gaule[10]. Quand il eut obtenu la Cilicie, il ne lui fut pas difficile d'obtenir aussi la direction de la guerre contre Mithridate, on lui ouvrit un crédit de 3,000 talents[11]: son collègue M. Aurelius Cotta, aussi ambititieux et aussi jaloux que lui, se fit donner la Bithynie avec la mission spéciale de défendre la Propontide[12].

1) Sall., *Hist.*, 2, 96, 10 D. Plut., *Sert.*, 21. *Pomp.*, 20.
2) Plut., *Luc.*, 2-4. *Sull.*, 11. Cic., *Acad.*, *pr.*, 2, 1, 1. App., *Mithr.*, 33. 51. 56.
3) Plut., *Luc.*, 1. Plin., *n. h.*, 8, 7, 7, 19. Val. Max., 2, 4, 6. Cic., *Off.*, 2, 16, 57. Gran. Lic., p 39.
4) Plut., *Sull.*, 27.
5) Cic., *Acad. pr.*, 2, 1, 1. Aur. Vict., *Vir. ill.*, 74.
6) Plut., *Luc.*, 4.
7) Plut., *Luc.*, 5. *Pomp.*, 20.
8) App., *b. c.*, 1, 111.
9) Plut., *Luc.*, 5.
10) Plut., *Luc.*, 6. Cf. Cic. *Parad.*, 5, 3, 40.
11) Plut., *Luc.*, 13.
12) Plut., *Luc.*, 6. Cf. Cic., *Mur.*, 15, 33. Cf. Dio C., 36, 40 B.

Quant à affirmer que Lucullus eut en même temps la province d'Asie, on ne le peut guère, les témoignages n'offrent pas un accord suffisant.

Telle était la situation au dehors; à Rome le tribun C. Licinius Macer[1] recommença la lutte en 73 contre les nobles et contre la constitution. Il mit en accusation C. Rabirius[2] qui se vantait d'avoir assassiné Saturninus, mais ne put obtenir de condamnation; il prit la défense des Toscans dépouillés de leurs biens en faveur des vétérans[3], et demanda encore une fois, sans détour, le rétablissement de l'ancien tribunat[4].

C. Macer trouva un allié inattendu dans la personne du jeune C. Julius Cæsar[5]. César soutint les revendications de Macer en faveur des provinciaux expulsés de leurs propriétés, et prononça un discours en faveur du samnite Decius (*pro Decio Samnite*)[6]. César était gendre de Cinna ; malgré les instances de Sylla, il n'avait pas voulu répudier sa femme; il fut proscrit, on lui enleva l'expectative du titre de Flamine de Jupiter auquel il tenait peu, et qu'on lui avait promis quand les partisans de Marius étaient au pouvoir[7], il aurait été frappé plus sévèrement sans l'intervention des Vestales, de Mam. Æmilius Lépidus et de M. Aurélius Cotta[8]. En 80, il servit en Asie sous le propréteur M. Minucius Thermus; il se signala au siège de Mitylène qui n'avait pas voulu céder, même depuis que la paix était signée entre Mithridate et les Romains[9]. Il servit quelque temps sous P. Servilius Vatia; quand il apprit la mort de Sylla, il revint à Rome, mais fut assez prudent pour ne pas se compromettre avec Lépidus[10]. En 77, il porta une accusation[11] contre Cn. Cornélius Dolabella, le consul de

[1]) Cf. Cic., *Brut.*, 67, 238.
[2]) Cic., *Rab. perd.*, 2, 7.
[3]) Prisc , 10, 42. p. 532 H.
[4]) Sall., *Hist.*, 3, 61 D.
[5]) Suet., *Cæs.*, 5.
[6]) Tac., *Dial.*, 21. Cf. Cic., *Cluent.*, 59, 161.
[7]) Suet., *Cæs.*, 1. Vell., 2, 43. Cf. Dio C., 54, 36. Tac., *Ann.*, 3, 58.
[8]) Suet., *Cæs.*, 1, Plut., *Cæs.*, 1. Vell., 2, 41. Dio C. 43, 43.
[9]) Suet., *Cæs.*, 2.
[10]) Suet., *Cæs.*, 3.
[11]) Suet., *Cæs.*, 4. 49. Plut., *Cæs.*, 4. Ascon., p. 26. Gell., 4, 16, 8. Tac., *Dial.*, 34. Vell., 2, 43.

81, qui avait gouverné la Macédoine et obtenu le triomphe[1]; Dolabella fut défendu par C. Aurélius Cotta et par Q. Hortensius[2], et acquitté[3]; mais César avait eu l'occasion d'étaler son éloquence et de se faire remarquer[4]. En 76, il accusa C. Antonius, le second fils du grand orateur; C. Antonius avait rançonné, pillé la Grèce pendant la guerre de Sylla[5]; aux jeux de 81 on l'avait vu descendre dans l'arène et conduire un char; César le poursuivit, au nom des Grecs, devant le préteur des étrangers, M. Terentius Varro Lucullus[6]. C. Antonius échappa à une condamnation en se mettant sous la protection des tribuns[7]. César s'éloigna de nouveau de Rome, et alla à Rhodes sous prétexte de perfectionner ses études; il fut pris par les pirates et s'échappa de leurs mains on sait comment[8]; il réunit une petite troupe et défendit les villes grecques contre un général de Mithridate qui voulait les détacher de Rome[9].

Il revint pour entrer dans le collège des pontifes qui l'avait choisi (par cooptation)[10] pour remplacer C. Aurelius Cotta[11], mort en 74; le peuple le nomma à une grande majorité tribun des soldats[12].

Il prêta son appui à C. Licinius Macer; Macer échoua quand même[13], mais les optimates comprirent qu'il fallait faire quelque concession[14]. Les consuls de 73, C. Cassius Varus et M. Terentius Varro Lucullus présentèrent une loi *Terentia Cassia frumentaria*[15]; elle rétablissait[16] les distributions de blé, suppri-

[1]) Cic., *Pis.*, 19, 44. Suet., *Cæs.*, 4.
[2]) Cic., *Brut.*, 92, 317. Val. Max., 8, 9, 3.
[3]) Aur. Vict., (*Vir. ill.*, 78) se trompe. Ps. Ascon., p. 110. 169.
[4]) Suet., *Cæs.*, 55. Cic., *Brut.*, 72, 75. Empor., *Rhetor.*, p. 568 Halm.
[5]) Ascon., p. 89.
[6]) Cf. Cic., *Tull.*, 8.
[7]) Ascon., p. 84. Q. Cic., *pet. cons.*, 2, 8. Plut. se trompe *Cæs.*, 4.
[8]) Suet., *Cæs.*, 4. Plut., *Cæs.*, 12. Vell., 2, 41. Val. Max., 6, 9, 15.
[9]) Suet., *Cæs.*, 4.
[10]) Cic., *Pis.*, 26, 62. Ascon., p. 14.
[11]) Vell., 2, 43.
[12]) Suet., *Cæs.*, 5. Plut., *Cæs.*, 5.
[13]) Sall., *Hist.*, 3, 61, 11 D.
[14]) Sall., *Hist.*, 3, 61, 21 D.
[15]) Cic., *in Verr. accus.*, 3, 70, 163. 3, 75, 173. 5, 21, 52.
[16]) Sall., *Hist.*, 3, 61, 19 D. Cf. Cic., *Sest.*, 25, 55. Ascon., p. 9. Plut., *Cat. min.*, 26. *Cæs.*, 8.

mées par Sylla, rétablies par Lépidus et supprimées ensuite de nouveau, aux prix fixés par la loi Sempronia; elle était moins étendue cependant, et rappelait plutôt la loi Octavia frumentaria (voir plus haut page 178). La loi eut pour conséquence d'augmenter d'une manière extraordinaire les dépenses de l'État; il fut obligé de distribuer par mois environ deux cent mille boisseaux de blé [1]. Il est probable aussi que les nobles ne firent pas d'opposition à la loi *Plautia de reditu Lepidanorum;* César la défendit également [2]. Cette loi promettait sans doute une amnistie aux partisans de Lépidus qui s'étaient enfuis auprès de Sertorius; les optimates pouvaient donc la considérer comme un moyen d'affaiblir Sertorius [3].

Les agitations populaires cessèrent en présence d'un nouveau danger qui venait de fondre sur la République: les gladiateurs s'étaient révoltés. En 73, environ soixante-dix gladiateurs s'échappèrent de la maison de Lentulus à Capoue et appelèrent aux armes les esclaves en ouvrant leurs ergastules [4]. Ils prirent pour chef Spartacus qui eut pour lieutenant Crixus et Ænomaus; ils battirent les troupes du préteur P. Varinius Glaber, et le préteur lui-même [5]. En 72, les consuls L. Gellius Poplicola et Cn. Cornelius Lentulus Clodianus furent obligés de se joindre au préteur ou propéteur Q. Arrius pour réprimer l'insurrection; Gellius et Arrius battirent Crixus [6]; mais Lentulus fut vaincu [7] par Spartacus qui s'était dirigé vers les Alpes pour passer en Gaule [8]. Spartacus battit encore les deux consuls [9], et le consul de l'année précédente C. Cassius Varus

[1]) Cic., *in Verr. accus.*, 3, 30, 72. 3, 70, 163.

[2]) Suet., *Cæs.*, 5. Gell., 13, 3. Non. Marc., p. 241 G. Dio C., 44, 47.

[3]) Sall., *Hist.*, 3, 63 D.

[4]) App., *b. c.*, 1, 116. Plut., *Crass.*, 8. Liv., *ep.*, 95. Vell., 2, 30. Flor., 3, 20. Eutr., 6, 7, Oros., 5, 24. Athen., 6, 272 F. Cic., *Att*, 6, 2, 8.

[5]) App., *b. c.*, 1, 116. Plut., *Crass.*, 9. Liv., *ep.*, 95. Oros., 5, 24. Flor., 3, 20, 4. Front., *Strat.*, 1, 5, 21. 22. Sall., *Hist.*, 3, 67 D.

[6]) Liv., *ep.*, 96. Oros., 5, 24. App., *b. c.*, 1, 117. Plut., *Crass.*, 9. Cf. *Cat. min.*, 8.

[7]) App., *b. c.*, 1, 117. Plut., *Crass.*, 9.

[8]) Plut., *Crass.*, 9. Flor., 3, 20, 10.

[9]) Liv., *ep.*, 96. Oros., 5, 24. Eutr., 6, 7. Sall., *Hist.*, 3; 70 D. App., *b. c.*, 1, 117.

qui voulut défendre la Gaule cisalpine dont il était gouverneur; C. Varus fut défait à Mutina[1], et Spartacus aurait atteint son but, si ses soldats avides de pillage ne l'avaient forcé à rester en Italie. Il eut un instant l'idée de marcher sur Rome[2], puis se décida à passer dans l'Italie méridionale[3]. Cette situation rappelait les plus mauvais temps de l'époque où Annibal campait en Italie[4], le sénat n'osait pas confier la direction de la guerre aux consuls qui venaient d'être vaincus[5], ni aux nouveaux consuls désignés qui étaient incapables (P. Cornelius Lentulus Sura et Cn. Aufidius Orestes); d'autre part personne ne se présentait pour la préture, parce que personne ne voulait se charger de la guerre.

M. Licinius Crassus se dévoua[6], il n'avait pris part à aucune campagne depuis le combat de la Porte colline; il s'était occupé d'augmenter sa fortune, et de se faire bien voir du peuple[7]. On le chargea donc de combattre Spartacus avec un pouvoir proconsulaire[8]. Il n'est pas possible d'admettre qu'il avait été préteur, et qu'on prorogea ses pouvoirs, le témoignage formel d'Appien s'y oppose. Son lieutenant M. Mammius fut d'abord battu[9]; Crassus comprit qu'il fallait rétablir la discipline, et décima les rangs[10]; puis il se mit à la poursuite de Spartacus qui avait passé en Sicile pour soulever les esclaves[11]. Spartacus manœuvrait avec tant d'habileté que Crassus désespéra de le vaincre; il écrivit au sénat pour demander des secours; il fallait, disait-il, rappeler Lucullus (successeur de Curio)[12] de Macédoine ou Pompée d'Espagne[13].

[1]) Liv., *ep.*, 96. Oros., 5, 24. Flor., 3, 20, 10. Plut., *Crass.*, 9.
[2]) App., *b. c.*, 1, 117. Flor., 3, 20, 11.
[3]) App., *b. c.*, 1, 117. Plut., *Crass.*, 9.
[4]) Oros., 5, 24. Eutr., 6, 7.
[5]) Plut., *Crass.*, 10.
[6]) App., *b. c.*, 1, 118.
[7]) Plut., *Crass.*, 9. Cic., *Brut.*, 65, 233.
[8]) Liv., *ep.*, 96. Eutr., 6, 7.
[9]) Cf. Cic., *in Verr. accus.*, 3, 53, 123.
[10]) Plut., *Crass.*, 10. App., *b. c.*, 1, 118. Sall., *Hist.*, 4, 5 D.
[11]) App., *b. c.*, 1, 118. Plut., *Crass.*, 10. Cf. Sall., *Hist* , 4, 10 D. Cic., *in Verr. accus.*, 5, 2, 5.
[12]) Oros., 6, 3. Eutr., 6, 2, 7. App., *Illyr.*, 30. Cf. Cic., *Pis.*, 19, 44. Ps. Ascon., p. 209.
[13]) Plut., *Crass.*, 11. Cf. App., *b. c.*, 1, 120. Cic., *Leg. man.*, 11, 30.

Il n'aurait pu en effet se maintenir, mais une circonstance lui permit de prendre l'avantage: les Germains et les Gaulois qui servaient dans l'armée de Spartacus l'abandonnèrent. Crassus battit d'abord les Germains et les Gaulois[1], refusa de négocier avec Spartacus[2] qui l'avait demandé, et livra à ce dernier un combat décisif. Spartacus fut tué[3], et on put considérer la guerre comme terminée.

Pompée était déjà revenu d'Espagne[4]. On lui avait envoyé les secours qu'il avait sollicités ; en 74 et en 73 il avait fait de grands progrès sur Sertorius[5] ; Métellus aussi avait remporté des avantages[6], du jour où il s'était décidé à secouer sa torpeur[7]. La guerre aurait pu se prolonger longtemps encore, mais la division se mit dans l'armée de Sertorius ; Sertorius l'avait lui-même provoquée par ses défiances et ses cruautés[8]. Métellus avait mis à prix la tête de Sertorius[9], ce ne fut pas ce qui perdit ce dernier, mais plutôt la jalousie de Perperna. Perperna le fit assassiner dans un festin où il l'avait invité pour se réconcilier, à Osca[10]. Mais Perperna éprouva de grandes difficultés à se faire reconnaître chef des troupes de Sertorius, et fut battu par Pompée[11]. Ce dernier fit mettre à mort Perperna qui était tombé entre ses mains; avant de mourir, il avait livré à Pompée la correspondance de Sertorius, dans laquelle plusieurs sénateurs se trouvaient compromis;

1) Plut., *Crass.*, 11. Liv., *ep.*, 97. Oros., 5, 24. Front., *Strat.*, 2, 4, 7. 2, 5, 34. Cf. Cæs., *b. g.*, 1, 40.

2) App., *b. c.*, 1, 120. Tac., *Ann.*, 3, 73.

3) App., *b. c.*, 1, 120. Plut., *Crass.*, 11. Liv., *ep.*, 97. Eutr., 6, 7. Flor., 3, 20, 12. Oros., 5, 24. Vell., 2, 30.

4) App., *b. c.*, 1, 119. Plut., *Crass.*, 11.

5) Liv., *ep.*, 94. App., *b. c.*, 1, 112.

6) App., *b. c.*, 1, 112.

7) Sall., *Hist.*, 2, 23 D. Plut., *Sert.*, 22. Val. Max., 9, 1, 5.

8) Liv., *ep.*, 92. App., *b. c*, 1, 112, 113. Plut., *Sert.*, 25. Diod., *Hist. gr. fr.*, tome II, p. XXIII.

9) Plut., *Sert.*, 22.

10) App., *b. c.*, 1, 113 ; *Iber.*, 101. Plut., *Sert.*, 26. *Pomp.*, 20. Diod., *Hist. gr. fr.*, tome II. p XXIV. Strab., 3, 4, 10. Liv., *ep.*, 96. Vell., 2, 30. Flor., 3, 22 9. Eutr., 6, 1. Oros., 5, 23. Sall., *Hist.*, 3, 4 D.

11) App., *b. c.*, 1, 114. *Iber.*, 101. Plut., *Sert.*, 27. *Pomp.*, 20. Zon., 10, 2. Liv., *ep.*, 96. Flor., 3, 22, 9. Oros., 5, 23. Front., *Strat.*, 2, 5, 32. Val. Max., 6, 2, 8. Schol. Bob., p. 307.

Pompée ne voulut pas la lire et la fit jeter au feu, pour, dit-il, ne pas soulever au nouveau prétexte de guerre civile[1]. Il pardonna ensuite aux partisans de Sertorius qui se livrèrent à lui[2]. Après avoir pacifié l'Espagne[3], il réorganisa l'administration, et, pour s'attacher de nombreux partisans, donna le droit de cité à un grand nombre d'Espagnols. Ce fut pendant l'année 72 qu'il prit ces dispositions : la loi *Gellia Cornelia* des consuls L. Gellius Poplicola et Cn. Cornelius Lentulus Clodianus lui avait conservé pour cette année le pouvoir absolu dans la Péninsule[4]. En 71, il quitta l'Espagne; en traversant les Pyrénées il éleva un trophée[5] sur lequel il fit placer une inscription : le nom de Sertorius n'y figurait pas; Pompée voulait faire considérer cette guerre comme une guerre étrangère, afin de pouvoir réclamer le triomphe, qui n'était jamais accordé pour une guerre civile[6].

Quand il arriva en Italie, il reçut du sénat l'ordre de courir au secours de Crassus[7]; il rencontra une troupe de cinq mille hommes, qui s'était échappée du champ de bataille où Crassus avait complètement anéanti les forces de Spartacus. Pompée extermina ces cinq mille hommes, il put alors écrire au sénat que, si Crassus avait battu Spartacus, lui, Pompée, avait fait disparaître jusqu'au dernier, les auteurs de la révolte[8].

Quand, à Rome, on n'eut plus à redouter les gladiateurs, les tribuns se remirent en campagne contre la constitution syllanienne. Dès son entrée en fonction (10 décembre 72), le tribun M. Lollius Palicanus, d'origine obscure[9], dénonça[10] les actes arbitraires dont s'était rendu coupable C. Verrès en

1) Plut., *Sert.*, 27. Pomp., 20. Cf. App., *b. c.*, 1, 115.
2) Cic., *in Verr. accus.*, 5, 58, 153.
3) Liv., *ep.*, 96. Eutr., 6, 1. Oros., 5, 23. Flor.; 3, 22. 9. Plut., *Pomp.*, 21.
4) Cic., *Balb.*, 8, 19. 14, 32. 33. 17, 38.
5) Sall., *Hist.*, 4, 29 D. Exuper., 8. Strab., 3, 4, 9. 4, 1, 3.
6) Plin., *n. h.*, 7, 26, 27, 96. 3, 3, 4, 18. 37, 2, 6, 15. Cf. Flor., 3, 22, 9. Val. Max., 2, 8, 7.
7) App., *b. c.*, 1, 119.
8) Plut., *Pomp.*, 21. *Crass.*, 11. Cic., *in Verr. accus.*, 5, 2, 5.
9) Sall., *Hist.*, 4, 25 *D.* Cf. Val. Max., 3, 8, 3. Cic., *Brut.*, 62, 223.
10) Cic., *in Verr. accus.*, 2, 41, 100.

Sicile, à l'égard d'un noble sicilien, Sthenius[1]. Il rappela que le sénat lui-même n'avait pas osé approuver la conduite du gouverneur[2]; il rappela encore que pendant sa préture urbaine de 74 C. Verrès avait poussé l'audace jusqu'à faire frapper de verges un citoyen romain, violant ainsi la loi Porcia[3]. Les tribuns n'étaient pas en peine pour trouver des motifs d'accusation contre les gouverneurs de province[4], mais c'était peine inutile, les juges sénatoriaux les acquittaient régulièrement de parti pris[5]. Les nouveaux juges se laissaient corrompre, plusieurs faits avaient été divulgués[6] et n'avaient pu être niés; les nobles compromettaient ainsi avec la plus grande imprudence la principale réforme constitutionnelle de Sylla[7]. Ainsi Q. Calidius que Q. Métellus Pius avait fait nommer préteur en 79, fut condamné pour concussion[8]; il avoua publiquement que la condamnation d'un prétorien coûtait au moins trois millions de sesterces[9]. C. Verrès ne cacha pas que pour se faire acquitter, il avait été obligé de sacrifier le tiers de ses exactions en achetant ses juges[10]. Il était reconnu qu'avec de l'argent on pouvait toujours se faire acquitter, même quand on était ouvertement coupable[11]. Pour opérer une réforme il ne fallait pas compter sur le sénat; il est vrai qu'en 74 le sénat avait chargé les consuls de présenter une loi sur la corruption des juges, mais la loi était restée à l'état de projet[12]. Le peuple comprit que le plus sûr serait encore de réta-

[1]) Cic., *in Verr. accus.*, 2, 34 et seq.
[2]) Cic., *in Verr. accus.*, 2, 39.
[3]) Cic., *in Verr. accus.*, 1, 47, 122. Ps. Ascon., p. 193.
[4]) Cic., *Div. in Cæc.*, 3, 7. *in Verr. act.*, 1, 15, 45. *Accus.*, 3, 89, 207. 5, 48, 126.
[5]) Cic., *in Verr. accus.*, 2, 31, 77. 3, 96, 223.
[6]) Cic., *in Verr. act.*, 1, 13. *Cluent.*, 47, 130. Ps. Ascon., p. 109. 144. 147. Schol. Gron., p. 397. 398. — Cic., *Cluent.*, 24, 65. 28, 77. 41, 115. 50, 138. *Cæc.*, 10, 28. Ps. Ascon., p. 141. 146. 201. Schol. Gron., p. 386. 395. 396.
[7]) Cic., *Div. in Cæc.*, 3, 8. *in Verr. act.*, 1, 15, 43. *Accus.*, 4, 59, 134.
[8]) Cic., *in Verr. accus.*, 3, 25, 63. *Planc.*, 28, 69.
[9]) Cic., *in Verr. act.*, 1, 13, 38. Ps. Ascon., p. 145.
[10]) Cic., *in Verr. act.*, 1, 14, 40.
[11]) Cic., *in Verr. act.*, 1, 1, 1. 1, 16, 47.
[12]) Cic., *Cluent.*, 49.

blir l'ancien tribunat[1]; le tribun M. Lollius Palicanus agit dans ce but[2].

Le retour de Pompée fut, pour le tribun, un événement très heureux[3]; on savait que Pompée voulait, avec son armée, se rendre maître de l'État comme l'avait été Sylla, on apprit bientôt que pour arriver à ce résultat il comptait s'appuyer sur le peuple plutôt que sur les optimates : ces derniers ne lui pardonnaient pas ses succès et n'avaient pour lui que des sentiments de jalousie[4]. Au moment où C. Licinius Macer produisait ses propositions de réformes, les optimates avaient essayé de distraire le peuple au moyen du retour de Pompée[5]; mais avant son départ d'Espagne, ce dernier avait déjà écrit au Sénat que si les partis n'avaient pas fait la paix pour son retour, il se chargerait de les réconcilier[6]. On répandit alors le bruit qu'il soutiendrait le peuple, qu'il était favorable au rétablissement de l'ancien tribunat[7]. Il arriva avec son armée, il ne voulut pas la licencier avant le triomphe, et demanda deux choses : le triomphe et le consulat. En face de lui se trouvait M. Crassus, plus âgé que lui et depuis longtemps jaloux de ses victoires[8]; lui aussi était à la tête d'une armée victorieuse, et, comme Pompée, voulait le consulat. Pompée eut la satisfaction de voir son rival s'abaisser devant lui[9], et lui demander sa protection[10]. Le Sénat ne pouvait que laisser agir ces deux puissants candidats; quant à la question des réformes à opérer dans la constitution de Sylla, le Sénat ne pouvait rien empêcher non plus, si les propositions étaient faites conformément aux lois. Du reste, le Sénat avait lui-même porté la main sur plusieurs institutions de Sylla; il

[1]) Cic., *Div. in Cæc.*, 3, 8. *in Verr. act.*, 1, 15, 44. Ps. Ascon., p. 147. Schol. Gron., p. 384. 397.
[2]) Ps. Ascon., p. 103. Schol. Gron., p. 386.
[3]) Plut., *Pomp.*, 21. Zon., 10, 2.
[4]) Sall., *Hist.*, 3, 61, 21 D.
[5]) Sall., *Id.*
[6]) Sall., *Hist.*, 4, 30 D.
[7]) Plut., *Pomp.*, 21, Cf. Sall., *Hist.*, 4, 31. 32 D.
[8]) Plut., *Crass.*, 7.
[9]) Cic., *Off.*, 1, 30, 109.
[10]) Plut., *Pomp.*, 22. *Crass.*, 12.

avait supprimé par sénatus-consulte des exemptions d'impôt que les villes avaient achetées au temps de la dictature[1]; il avait réclamé des sommes d'argent importantes abandonnées par Sylla à ceux qui avaient acheté les biens des proscrits[2]; même en 72 le consul Cn. Cornélius Lentulus Clodianus avait fait une loi à ce sujet, la loi *Cornelia de pecunia quam Sulla emptoribus bonorum remiserat exigenda*[3]. Enfin le Sénat avait déjà laissé passer la loi *Aurelia de tribunicia potestate*; les optimates avaient donc admis en principe la réforme de la constitution syllanienne.

Le tribun M. Lollius Palicanus et ses collègues, avec qui Pompée avait pris des engagements formels[4], proposèrent de faire décerner le triomphe par le peuple[5]; ils demandèrent aussi que pour Pompée, et probablement pour Crassus, les lois Villia annalis et Cornelia de magistratibus ne fussent pas appliquées[6]. Nommé consul, Pompée chargea Palicanus de réunir une assemblée hors de la ville; il s'y rendit et déclara qu'il était partisan du rétablissement de l'ancien tribunat; il promit aussi son concours pour la répression des désordres dans les provinces, et de la corruption des juges[7].

L'opposition proposa aussitôt d'augmenter le pouvoir législatif des comices. Il est très probable qu'alors fut votée la loi *Pupia* ; elle mit fin aux conflits entre les magistrats qui convoquaient les assemblées du peuple et ceux qui convoquaient le Sénat ; elle défendit[8] de réunir le Sénat, les jours des comices, avant que les comices eussent terminé leurs opérations[9]; de la sorte les sénateurs purent prendre part aux délibérations des comices. Nous croyons que la loi est bien de cette année, parce que nous trouvons sur la liste

[1]) Cic., *Off.*, 3, 22, 87.
[2]) Cic., *in Verr. accus.*, 3, 35, 81 et seq.
[3]) Sall., *Hist.*, 4, 35 D. Apud Gell., 18, 4, 4.
[4]) App., *b. c.*, 1, 121.
[5]) Cf. Dio C., 36, 25 B.
[6]) Cf. Cic., *Leg. man.*, 21, 62. Plut., *Pomp.*, 22. Zon., 10, 2.
[7]) Cic., *in Verr. act.*, 1, 15, 45. Ps. Ascon., p. 148.
[8]) Cic., *ad Q. fr.*, 2, 13, 3. 2, 2, 3. *Fam.*, 1, 4, 1. Cf, 8, 8, 5. *ad Att.*, 1, 14, 5.
[9]) Cic., *ad Att.*, 1, 14, 5.

des magistrats un préteur[1] du nom de M. Pupius Piso Calpurnianus[2]. Or elle n'a pu être votée sous le consulat du même Pupius, consul en 61, puisqu'elle était antérieure à la loi Gabinia de 67[3]. Hofmann n'est pas de notre avis; il prétend que la loi Pupia défendait de réunir le Sénat à certains jours de l'année qui n'étaient pas des jours de comices; il a émis à ce sujet une hypothèse très ingénieuse, mais elle repose sur une erreur, il l'a basée sur les dates du calendrier julien, tandis qu'il fallait se servir de l'ancien calendrier[4].

Rien d'extraordinaire ne survint pendant le reste de l'année. Crassus eut l'*ovatio*, et entra dans la ville couronné non de myrtes mais de lauriers[5], le Sénat lui avait accordé cette distinction sur sa demande. Métellus, rentré à Rome après Pompée[6], triompha avant lui[7], mais sans son armée qu'il avait licenciée en deçà des Alpes[8]. Pompée triompha pour la seconde fois en qualité de chevalier; il recula son triomphe jusqu'au dernier jour de décembre, pour entrer en fonction immédiatement après[9].

[1]) Cf. Ascon., p. 15. Cic., *Flacc.*, 3, 6.
[2]) Cic., *de Dom.*, 13, 35.
[3]) Cic., *ad Q. fr.*, 2, 13, 3.
[4]) Hofmann, *de lege Pupia*, dans son ouvrage : *de origine belli civilis cæsariani*, Berlin, 1857, p. 119.
[5]) Plut., *Crass.*, 11. Cic., *Pis.*, 24, 58. Plin., *n. h.*, 15, 29, 38, 125. Gell., 5, 6, 23.
[6]) App., *b. c.*, 1, 121.
[7]) Vell., 2, 30. Eutr., 6, 5.
[8]) Sall., *Hist.*, 4, 28 D.
[9]) Vell. 2, 30, Eutr., 6, 5. Plin., *n. h.*, 7, 26, 27, 96.

CHAPITRE DIXIÈME.

CN. POMPÉE (70-66.)

Les deux consuls Pompée et Crassus, se défiant l'un de l'autre, n'abandonnèrent pas immédiatement le commandement de leurs armées; on put craindre un instant de voir se renouveler les luttes sanglantes, comme au temps de Marius et de Sylla. Il y eut un compromis ; le vieux Crassus fit des avances au jeune Pompée, et tous deux renoncèrent en même temps à leur commandement [1]. Ils cherchèrent pendant leur consulat à éviter les conflits ; ce fut peu après son entrée en fonction, certainement avant les élections et les premiers débats du procès de Verrès [2], que Pompée tint les promesses faites au peuple ; il proposa de rendre au tribunat ses anciennes prérogatives. Le sénat s'était laissé gagner [3], et Crassus associa son nom à celui de Pompée en tête du projet de loi [4]. La loi *Pompeia Licinia de tribunicia potestate* supprima la loi syllanienne (*lex Cornelia de tribunicia potestate*), ou du moins ce qui en subsistait depuis la loi Aurélia ; les tribuns furent remis en possession de leur anciens privilèges [5].

Cette loi faisait disparaître une des bases fondamentales sur lesquelles s'appuyait le gouvernement de l'oligarchie ; aussi les nobles montrèrent-ils une ardeur d'autant plus grande à

[1]) App., *b. c.*, 1, 121. Plut., *Pomp.*, 23. *Crass.*, 12 a tort de reporter ce fait à la fin du consulat. Cf. Suet., *Cæs.*, 19.

[2]) Cic., *in Verr. act.*, 1, 16, 46.

[3]) Cf. Cic., *in Verr. act.*, 1, 15, 44. Ps. Ascon., p. 147.

[4]) Liv., *ep.*, 97. Cic., *Corn. fr.*, 1, 23. Ascon., p. 75. Ps. Ascon., p. 103.

[5]) Sall., *Cat.*, 38. Vell., 2, 30. Cic., *de Leg.*, 3, 9, 22. 3, 11, 26. Plut., *Pomp.*, 22. App., *b. c.*, 2, 29. Cf. Cic., *in Verr. accus.*, 5, 63, 163. 5, 68, 175. Schol. Gron., p. 397.

défendre leur privilège judiciaire, Pompée n'osa pas demander directement l'abolition de la loi Cornélia judiciaria. Il espéra pouvoir rendre aux tribunaux leur ancien prestige en faisant disparaître du sénat les éléments impurs que Sylla y avait admis ; il crut qu'il pourrait acquitter la promesse faite au peuple, promesse de relever le crédit des tribunaux, en faisant nommer des censeurs. Le peuple adorait Pompée, il l'appuya avec enthousiasme [1]. Quant au sénat il aurait voulu renouveler ce qui s'était fait en 75 ; à cette date on aurait pu nommer des censeurs ; le sénat imitant Sylla et Métellus, avait préféré confier les fonctions censoriales aux consuls L. Octavius et C. Aurélius Cotta [2] ; le peuple avait approuvé [3] ; mais cette fois les consuls ne voulaient pas se charger des adjudications, ils demandaient que les censeurs fussent élus. On nomma, en avril ou en mai [4], L. Gellius Poplicola et Cn. Cornélius Lentulus Clodianus, qui avaient été consuls ensemble deux années auparavant.

Avant que les censeurs essent eu le temps d'entreprendre la revision du sénat, on demanda au peuple de supprimer la loi judiciaire de Sylla [5]. L'attitude des personnalités les plus marquantes du parti des nobles dans le procès de Verrès avait provoqué cette proposition.

C. Verrès avait été préteur urbain en 74 ; chargé d'examiner les réparations faites à des édifices publics sous l'administration des consuls de l'année précédente [6], il s'était permis beaucoup d'actes arbitraires [7] ; il avait ensuite obtenu le gouvernement de la Sicile ; la guerre des gladiateurs ne permit pas de le remplacer pendant trois années de suite [8] ; il commit toutes les exactions possibles, il pilla la province, et en tira

1) Cic., *Div. in Cæc.*, 3, 8. Ps. Ascon., p. 104. Schol. Gron., p. 384.
2) Cic., *in Verr. accus.*, 1, 50, 130. 3, 7, 18. Cf. Ps. Ascon., p. 194.
3) Cic., *in Verr. accus.*, 3, 8, 19.
4) Cf. Cic., *Div. in Cæc.*, 3, 8 avec *in Verr. act.* 1, 18, 54. Ps. Ascon., p. 150.
5) Cic., *Cluent.* 47, 130.
6) Cic., *in Verr. accus.*, 1, 50, 130. 49, 128.
7) Cic., *in Verr. accus.*, 1, 40-61. 5, 13, 34.
8) Cic., *in Verr. accus.*, 2, 15, 37. 4, 19, 42. Ps. Ascon., p. 97. 101. 208. Schol. Gron., p. 382.

tout ce qu'il était possible d'en tirer [1]. Il était persuadé qu'il pourrait acheter les sénateurs, ses juges, dans le procès qui devait lui être intenté. A la fin de 70, quand Verrès fut sorti de charge, les Siciliens s'adressèrent à M. Tullius Cicéron. Cicéron, après ses premiers succès oratoires, avait fait un grand voyage; en 75 il avait été élu questeur avec une grande majorité [2]; il servit sous le propréteur Sex. Peducæus [3] comme questeur à Lilybée (*quæstor Lylibætanus*); il s'était attiré la confiance des Siciliens [4]. Quand il présenta l'accusation au préteur M. Acilius Glabrio [5], qui présidait le tribunal de repetundis, Cicéron eut déjà à lutter contre les intrigues du parti de Verrès. Un certain Q. Cæcilius Niger, qui avait été questeur et complice de Verrès [6], prétendit revendiquer le droit d'accuser Verrès avant Cicéron [7]. Cicéron employa, comme c'était l'usage, la *divinatio* [8]; il prononça un discours, celui que nous avons sous le titre *Divinatio in Cæcilium*, et réussit à faire reconnaître son droit d'accusateur [9]. Il reprocha à Verrès d'avoir volé 40 millions de sesterces aux habitants de la Sicile [10].

Les preuves étaient évidentes; l'illustre orateur Q. Hortensius se chargea cependant de défendre Verrès qui était son ami [11]. Hortensius était alors l'oracle des tribunaux [12], le roi des avocats [13]; il avait mis son éloquence au service du parti des nobles, et ces derniers l'avaient payé de reconnaissance en proclamant partout son mérite; à ce moment-là même il

[1]) Cic., *in Verr. accus.*, 2. 3. 4. 5.
[2]) Cic., Pis. 1, 2. *Brut.*, 92, 318.
[3]) Cic., *Att.*, 10, 1, 1.
[4]) Cic., *Div. in Cæc* , 1, 2. *Planc.*, 26, 64. *Fam.*, 13, 38. Ps. Ascon , p. 97. 100. Plut., *Cic.*, 6.
[5]) Cic., *in Verr. act.*, 1, 2, 4. 10, 29.
[6]) Cic., *Div. in Cæc.*, 2, 4. 9, 28.
[7]) Ps. Ascon., p. 98.
[8]) Gell., 2, 4 Ps. Ascon., p 99.
[9]) Cic., *in Verr. accus.*, 1, 6, 15.
[10]) Cic , *in Verr. act.*, 1, 18, 56. *Accus.*, 1, 10, 27. 2, 10, 26. Cf. *Div. in Cæc* , 5, 19.
[11]) Cic., *Or.*, 37, 129.
[12]) Cic., *in Verr. act.*, 1, 12, 35. *Brut.*, 92, 319. Ps. Ascon., p. 98. Schol. Gron., p. 405.
[13]) Cic., *Brut.*, 88 et seq.

briguait le consulat. Verrès comptait encore parmi ses protecteurs L. Cornélius Sisenna[1], le préteur de 78[2]; Q. Cæcilius Métellus[3] qui briguait le consulat avec Hortensius; son frère, M. Cæcilius Métellus qui voulait arriver à la préture; P. Cornélius Scipio Nasica[4], adopté plus tard par Métellus Pius, et le consulaire C. Scribonius Curio[5]. Cicéron avait demandé un délai de cent-dix jours pour aller recueillir des preuves en Sicile[6]; le procès ne devait commencer que le 5 août[7]; or les jours fériés allaient se succéder pour les jeux de Pompée, les jeux romains, les jeux de la victoire institués par Sylla et pour les jeux plébéiens; il n'y aurait plus beaucoup de temps pour plaider[8]; et comme d'autre part le procès devait être très long, les partisans de Verrès espéraient renvoyer à l'année suivante la seconde instance[9], qui était de droit dans ces sortes de causes. Or si le 27 août[10], jour fixé pour la tenue des comices électoraux, Q. Hortensius et Q. Cæcilius Métellus étaient nommés consuls[11]; et si, d'autre part, M. Cæcilius Métellus[12] était élu préteur et désigné pour présider le tribunal des concussions[13], les protecteurs de Verrès espéraient faire acquitter leur ami. Cicéron déjoua tous ces beaux calculs; d'abord, il fit son enquête[14] malgré les difficultés soulevées par le gouverneur de Sicile, L. Cæcilius Métellus, frère des deux autres[15]; ensuite triomphant des manœuvres de Verrès il se fit

¹) Cic., *in Verr. accus.*, 2, 45, 110. 4, 20, 43. Schol. Gron., p. 392. Cf. Cic., *in Verr. accus.*, 4, 15, 33.

²) *Senatus consultum de Asclep.*, I. L. A., p. 111. Cf. Ascon., p. 73.

³) Cic., *in Verr. act.*, 1, 9, 26.

⁴) Cic., *in Verr. acc.*, 4, 36, 79. Schol. Gron., p. 392.

⁵) Cic., *in Verr. act.*, 1, 7, 18. Ps. Ascon., p. 131.

⁶) Cic., *in Verr. accus.*, 1, 11, 30. Ps. Ascon., p. 125.

⁷) Cic., *in Verr. act.*, 1, 10, 31. Ps. Ascon., p. 134. 165.

⁸) Cic., *in Verr. accus.*, 2, 52, 130.

⁹) Cic., *in Verr. act.*, 1, 10 et seq.

¹⁰) Ps. Ascon., p. 134.

¹¹) Cic., *in Verr. act.*, 1, 7, 18.

¹²) Cic., *in Verr. act.*, 1, 8, 21.

¹³) Cic., *in Verr. act.*, 1, 9, 20 et seq. *Accus.*, 1, 11, 30.

¹⁴) Cic., *in Verr. act.*, 1, 2, 6. *Accus.*, 2, 26, 64. 2, 4, 11. 3, 18, 47. *Scaur. fr.*, 2, 24 et seq.

¹⁵) Il avait été préteur l'année précédente, Cic., *Tull.*, 39.

nommer édile curule[1] ; au jour dit il apporta devant le tribunal les preuves de la culpabilité de Verrès ; il les résuma d'abord dans un tableau d'ensemble (*actio prima in Verrem*), puis il insista sur chaque point, produisit des témoins et fit la lumière complète[2].

Grâce aux efforts de Cicéron la première action dura neuf jours seulement[3] ; Q. Hortensius ne répondit que peu de chose[4], les témoignages apportés par Cicéron étaient trop accablants, il finit même par abandonner son client[5], qui n'espérant plus se faire acquitter, partit en exil[6]. Cicéron obtint davantage : il avait su exciter l'indignation du peuple[7], montré qu'il ne pouvait avoir aucune confiance dans l'impartialité des juges sénatoriaux[8] ; le préteur L. Aurélius Cotta[9], frère de Caius et de Marcus, présenta une *rogatio judiciaria*[10] pour demander la suppression de la loi judiciaire de Sylla[11]. On ne pouvait mieux répondre aux désirs du peuple[12]. Pendant la première action, Cicéron ne connaissait pas encore cette proposition ; nous le voyons exprimer l'espoir qu'une condamnation de Verrès aurait pour résultat de relever dans l'opinion le prestige et l'autorité des tribunaux sénatoriaux[13]. Bien que Verrès fût parti pour l'exil, et que le procès fut abandonné par le fait même que l'accusé s'était fait justice[14], Cicéron supposa que la seconde action devait avoir lieu[15], et comme si Verrès eut été présent[16], il s'amusa à écrire

[1]) Cic., *in Verr. act*, 1, 8, 23. *Pis.*, 1, 2.
[2]) Cic., *in Verr. accus.*, 1, 10, 29. *Act.*, 1, 18, 55. Plut., *Cic.*, 7. Ps. Ascon., p. 102.
[3]) Cic., *in Verr. accus.*, 1, 60, 156.
[4]) Cic., *in Verr. accus.*, 1, 28, 71. 2, 64, 156.
[5]) Ps. Ascon., p. 126. 153. Cic., *Or.*, 37, 129.
[6]) Ps. Ascon., p. 126. 153. 156. Cf. Cic., *in Verr. accus.*, 1, 7, 20. Plut., *Cic.*, 7. 8.
[7]) Cic., *in Verr. accus.*, 5, 63, 163. 5, 64, 165.
[8]) Cic., *in Verr. accus.*, 5, 69, 177.
[9]) Ascon., p. 67. Ps. Ascon., p, 127. Schol. Gron., p. 386.
[10]) Cic., *in Verr. act.*, 1, 1, 2. Cf., 1, 8, 20.
[11]) Cic., *in Verr. accus.*, 5, 69, 177 et seq.
[12]) Cic., *Corn. fr.*, 1, 28.
[13]) Cic., *in Verr.*, *act.*, 1, 8, 20. 1, 15, 43. 1, 16, 49.
[14]) Plut., *Cic.*, 8.
[15]) Cf. Cic., *in Verr. accus.*, 4, 15, 33.
[16]) Ps. Ascon., p. 153. 154.

en août ou en septembre les cinq discours de *l'accusatio in Verrem* : là il parle de la proposition de L. Aurélius Cotta, et lui consacre même de longs développements[1].

Des explications données par Cicéron il résulte que dans son projet primitif de loi judiciaire, Cotta voulait enlever les tribunaux aux sénateurs pour les rendre aux chevaliers et remettre en vigueur la loi Sempronia[2]. Cotta réunit de nombreuses assemblées pour défendre et faire discuter sa loi[3]. Il fut, dès lors, impossible de conserver les tribunaux aux sénateurs; les optimates ne pouvaient plus lutter en se plaçant sur ce terrain. Il est vrai que Cicéron paraît admettre que le Sénat continuera à fournir les juges[4], mais s'il parle ainsi c'est qu'il suppose toujours que son discours est prononcé devant les juges sénatoriaux. Il fait allusion cependant à un projet de conciliation qui n'était pas nouveau, et qui devait avoir été mis en avant par les optimates : il consistait à former deux décuries de juges, les uns tirés du Sénat, les autres de l'ordre des chevaliers[5] : c'était le projet primitif de C. Gracchus. Il trouva peu de défenseurs. On se rappela que la loi Plautia ouvrait aussi l'album des juges à des citoyens ordinaires désignés par le suffrage populaire; les démocrates proposèrent de former une troisième série de juges, choisis parmi les citoyens de la première classe qui avaient rempli les fonctions de tribuns du trésor (*tribuni ærarii*); le fait seul qu'ils avaient rempli ces fonctions prouvait qu'ils avaient la confiance des tribus[6]. Pompée, toujours avide de popularité, adopta la proposition nouvelle[7], le sénat n'osa pas la repousser et Cotta finit par s'y rallier ; nous savons en effet, d'une manière certaine, qu'en vertu de la loi judiciaire Aurélia votée par le

[1]) Cic., *in Verr. accus.*, 1, 2, 5.
[2]) Cic., *in Verr. accus.*, 2, 71, 174 et seq. 3, 96, 223 et seq. 5, 69, 177 et seq. Cf. Liv., *ep.*, 97. Plut., *Pomp.*, 22. Ps. Ascon., p. 127.
[3]) Cic., *in Verr. accus.*, 3, 96, 223 et seq.
[4]) Cic., *in Verr. accus.*, 1, 2, 4 et seq. 1, 8, 22. 2, 31, 76 et seq.
[5]) Cic., *in Verr. accus.*, 2, 32, 79. Cf. Vell., 2, 32. Schol. Gron., p. 386.
[6]) Cf. Cic., *Phil.*, 1, 8, 20. Ascon., p. 16. Schol. Bob., p. 339 et seq. Cic., *Rab. perd.*, 9, 27. *Cat.*, 4, 7, 15.
[7]) Cf. Plut., *Pomp.*, 22.

peuple, le préteur urbain[1] était chargé de dresser l'album en choisissant les juges dans les trois ordres du sénat, de la chevalerie et des tribuns du trésor[2]. On ne peut pas opposer à ces témoignages formels les passages des auteurs qui ne parlent pas du troisième ordre : ces auteurs n'ont pas parlé des tribuns du trésor, parce qu'ils n'ont voulu voir dans la question que les sénateurs et les chevaliers[3] : ou bien ils se sont contentés de mentionner le succès obtenu par les chevaliers qui reprenaient leurs places de juges[4]. Le sénat perdit aussi le droit de juger seul les procès où ses membres étaient particulièrement intéressés : ainsi venait de disparaître une des dispositions essentielles de la constitution syllanienne : l'oligarchie des nobles avait perdu son plus utile privilège.

L. Aurelius Cotta doit être aussi l'auteur d'une loi sur la brigue, *lex Aurelia de ambitu*. Cicéron parle d'une certaine loi Aurélia[5] au sujet de sa candidature à l'édilité, or ce ne peut être qu'une loi sur la brigue; et comme elle était mise en vigueur avant 66, date à laquelle Cicéron brigua l'édilité[6], elle a dû être l'œuvre du préteur populaire de 70; Cotta, en effet, ne se contenta pas d'enlever aux sénateurs le monopole des tribunaux, il voulut aussi leur rendre moins facile l'élection aux diverses magistratures. Une nouvelle loi sur la brigue était nécessaire; la dernière présentée avant celle de Sylla, si tant est que Sylla en ait présenté une, la loi Cornélia Fulvia[7] remontait à l'année 159, et cette loi Fulvia paraît n'avoir jamais été appliquée[8]. L'achat des voix dans les élections avait suivi la même marche ascendante que les concussions dans les provinces[9], il fallait donc établir une législation sur

[1]) Cic., *Cluent.*, 43, 121.
[2]) Cic., *ad Att.*, 1, 16, 3. *Phil.*, 1, 8, 20. Ascon., p. 16. 30. 53. 67. 78. 90. Ps. Ascon., p. 103. Schol. Bob., p. 229. 235. 339. Cf. Schol. Gron., p. 384. 386.
[3]) Cic., *Font.*, 12, 26 = 16, 36. *Cluent*, 43, 121. 47, 130.
[4]) Tac., *Ann.*, 11, 22.
[5]) Cic., *ad Q. fr.*, 1, 3, 8.
[6]) Cic., *ad Att*, 1, 4, 1.
[7]) Voir tome I, page 567.
[8]) Cf. Schol. Bob, p. 361 avec Pol., 6, 56.
[9]) Cf. Cic., *in Verr. accus.*, 4, 20, 45.

la brigue. En 68, il y avait déjà un tribunal chargé de juger les procès de brigue (*quæstio perpetua de ambitu*) puisqu'à cette date il jugea une accusation portée contre C. Calpurnius Piso [1]. La loi Aurélia était moins dure que la loi Fulvia et probablement moins dure aussi que la loi Bæbia ; elle devait reproduire une disposition de la loi présumée de Sylla, elle excluait de toute charge pendant dix ans le candidat qui s'était laissé convaincre de corruption [2].

On peut avec beaucoup de raison rapprocher de la loi de Cotta la loi *Antia sumptuaria*, du tribun C. Antius Restio. Elle est postérieure à la mort de Sylla, antérieure à 57 [3]; elle renferme des prescriptions sur les dépenses des repas, et détermine les objets de luxe dont on peut faire usage, et ceux qui sont interdits; mais elle renferme aussi des dispositions précises sur les repas des magistrats et des candidats. Voilà bien des articles de loi qui se rapportent à la brigue [4] ; or cette loi tribunitienne peut bien avoir été faite en 70 ; cette année on élut des censeurs, qui durent provoquer le vote d'une loi semblable, mais elle ne fut pas respectée, nous le comprenons assez ; elle n'en existe pas moins [5].

Les censeurs de 70 montrèrent en effet une grande sévérité [6] : ils purgèrent le sénat, conformément aux intentions de Pompée. Ils nommèrent prince du sénat [7] Mam. Æmilius Lépidus Livianus, le consul de 77; ils exclurent soixante-quatre sénateurs [8] ; les principales victimes furent : C. Antonius [9], que César avait inutilement accusé, P. Cornélius Lentulus Sura [10], l'ancien questeur de Sylla et consul de 71 ; les censeurs exclurent de la

1) Dio C., 36, 38 B.
2) Cf. Cic., *Sull.*, 22, 63. Schol. Bob., p. 361.
3) Gell., 2, 24. Macr., *Sat.*, 3, 17, 13 = 2, 13, 13. Cic., *Fam.*, 7, 26, 2.
4) Q. Cic., *de pet. Cons.*, 11, 44.
5) Macr., *Sat.*, 3, 17, 13 = 2, 13, 13.
6) Cf. Cic., *Cluent.*, 42, 117 et seq.
7) Val. Max., 7, 7, 6. Ce ne fut pas Q. Lutatius Catulus comme le prétendent Dio C., 36, 30 B et Vell., 2, 43, ni P. Servilius Isauricus, comme le disent les Schol. Gron., p. 442.
8) Liv., *ep.*, 98.
9) Ascon., p. 84. Q. Cic., *Pet. cons.*, 2, 8.
10) Plut., *Cic.*, 17.

liste plusieurs sénateurs convaincus de corruption [1] : M. Aquilius et Ti. Gutta [2], P. Popilius, fils d'un affranchi [3], Cn. Egnatius [4], et Q. Curius [5], que nous retrouverons plus loin dans la conjuration de Catilina. Il resta encore assez de membres indignes dans la haute assemblée [6]. Leur sévérité leur créa des difficultés ; elles vinrent aussi de leur refus à se laisser acheter par les publicains lors des adjudications. Un tribun, voulant imiter C. Atinius Labeo (voir plus haut tome II, page 29) alla même jusqu'à demander, sans résultats d'ailleurs, la consécration des biens de Lentulus (*consecratio bonorum*) [7]. Le nombre des citoyens inscrits sur les listes, non compris les absents [8], fut de 900,000 ou 910,000 [9]. Ce chiffre est environ le double de celui du recensement de 86; il faut se rappeler que dans l'intervalle on avait donné le droit de cité à tous les Italiens, il aurait été beaucoup plus élevé, si les guerres civiles n'avaient été si désastreuses pour la population de l'Italie.

Nous savons encore que pendant la même censure Pompée célébra sa victoire sur Sertorius par des jeux (*ludi votivi*) qui durèrent quinze jours à partir du 15 août [10]; au moment où les censeurs passèrent la revue des chevaliers (*recognitio equitum*), Pompée profita de l'occasion pour montrer au peuple qu'il était arrivé à la gloire et au pouvoir en qualité de simple chevalier. On le vit s'avancer entouré des licteurs, revêtu des insignes consulaires, conduisant lui-même son cheval à la main ; les censeurs lui adressèrent la question d'usage : Avez-vous fait toutes les campagnes exigées des chevaliers? Oui, toutes, répondit-il, et dans toutes j'ai commandé en chef [11] ; l'enthousiasme du peuple ne connut plus de bornes.

[1]) Cic., *Cluent.*, 42, 119.
[2]) Cic., *Cluent.*, 45, 127.
[3]) Cic., *Cluent.*, 47, 131.
[4]) Cic., *Cluent.*, 48, 135.
[5]) Sall., *Cat.*, 23. App., *b. c.*, 2, 3.
[6]) Cic., *Cæc.*, 10, 28. Sall., *Cat.*, 37.
[7]) Cic., *Dom.*, 47, 124.
[8]) Cic., *Arch.*, 5, 11.
[9]) Liv., *ep.*, 98. Phlegon apud Photius Cod. 97, p. 84 B.
[10]) Cic., *in Verr. act.*, 1, 10, 31. Ps. Ascon., p. 142. Schol. Gron., p. 395.
[11]) Plut., *Pomp.*, 22. Zon., 10, 2.

Quand il sortit de charge, Pompée voulut se donner les apparences du désintéressement; il ne voulut pas accepter le gouvernement d'une province [1]. Il préféra rester à Rome pour affermir son influence dans le sénat; toujours en campagne jusque-là, il n'avait eu aucun moyen de le faire. Sur ce nouveau terrain il allait échouer : Pompée avait trop soutenu le peuple pour se faire accepter des optimates; du reste ces derniers ne pouvaient supporter un personnage qui aimait à se faire comparer avec Alexandre le Grand [2]. Il ne garda pas non plus les faveurs populaires; le peuple ne lui pardonnait pas son affectation à se parer des titres et des honneurs que lui avait donnés Sylla [3]; Pompée avait d'ailleurs des manières trop aristocratiques, des goûts trop élevés et trop raffinés pour jouer le rôle d'un démagogue [4]. Crassus au contraire n'avait pas complètement rompu avec le sénat; il y gardait plus d'influence que Pompée [5]; il saisissait toutes les occasions d'amoindrir ce dernier, mais il s'occupait aussi peu que Pompée des véritables intérêts de l'État [6]. D'autre part pour gagner l'affection du peuple, il avait employé des moyens plus grossiers que Pompée. Pendant son consulat il avait voué la dîme (*decuma*) de ses biens à Hercule : à cette occasion il fit dresser 10,000 tables, et distribua au peuple du blé pour trois mois [7]. Crassus continua à rendre le plus de services possible sans se ménager [8]; il garda ainsi sa popularité, pendant que celle de Pompée baissait tous les jours.

Après les réformes de 70, la brigue prit une grande extension [9]. Le tribunat était redevenu une charge très recherchée pour les ambitieux; les candidats furent nombreux, nous sommes étonnés de retrouver parmi eux plusieurs des soixante-quatre sénateurs que les censeurs avaient fait exclure; les

[1]) Vell., 2, 31.
[2]) Sall., *Hist.*, 3, 7 D.
[3]) Sall., *Hist.*, 5, 13 D.
[4]) Plut., *Pomp.*, 23.
[5]) Plut., *Pomp.*, 22. Zon , 10, 2.
[6]) Sall., *Hist.*, 4, 34 D.
[7]) Plut., *Crass.*, 2, 12.
[8]) Plut., *Crass.*, 7.
[9]) Cf., Corn. Nep., *Att.*, 6.

mêmes personnages durent du reste rentrer dans la haute assemblée en se faisant désigner pour des charges qui donnaient le droit de prendre place au sénat[1]. On vit bien d'autres illégalités : en 68, au commencement de l'année mourut l'un des consuls, L. Cæcilius Métellus : son collègue Q. Marcius Rex, fut seul consul, ce qui était absolument contraire à la constitution. On ne pouvait excuser l'illégalité que par des motifs religieux : le consul suffectus était mort avant d'entrer en charge[2]; il n'en est pas moins vrai qu'en faisant procéder à l'élection d'un nouveau consul suffectus, on n'eut d'autre intention que de donner de nouvelles facilités aux candidats. En effet aux élections consulaires de 68 (pour 67) C. Calpurnius Piso acheta ouvertement les suffrages populaires[3].

On avait fondé de grandes espérances sur la loi Aurelia judiciaria, on vit bientôt que ces espérances étaient illusoires. Il ne servait de rien d'avoir des juges intègres quand il était facile de corrompre ses accusateurs : c'est précisément ce que fit C. Calpurnius Piso, accusé de brigue [4]. D'ailleurs comment pouvait-on s'attendre à trouver de l'impartialité chez les chevaliers[5]. Les intérêts de ceux de leur ordre qui trafiquaient dans les provinces étaient étroitement unis avec ceux des gouverneurs qui appartenaient à l'ordre sénatorial. Aussi on entendit presqu'aussitôt parler d'une entente entre les deux ordres (*concordia ordinum*)[6]; sans doute elle s'imposait[7]; mais elle fut provoquée par des calculs égoïstes, et elle se fit aux dépens des malheureux provinciaux[8]. La loi *Roscia theatralis* marqua officiellement la réconciliation et l'union des sénateurs et des chevaliers (67). L. Roscius Otho, qui la présenta avec l'appui du peuple trompé sur les véritables intentions du tribun[9], était un ancien adversaire

1) Dio C., 36, 38 B. La questure donnait ce droit.
2) Dio C., 36, 6 B.
3) Dio C., 36, 38 B.
4) Dio C., 36, 38 B.
5) Cic., *Man.*, 2, 4. 7, 17.
6) Cic., *Cluent.*, 55, 152.
7) Cf. Cic., *Cat.*, 4, 7, 15.
8) Cf. Cic., *ad Att.*, 1, 17, 9. *Ad. Q. fr.*, 1, 1, 1, 6. 1, 11, 32. 1, 12, 35. *Off.*, 3, 22, 88.
9) Cic., *Corn. fr.*, 1, 28.

des optimates[1]; il demanda que l'on réservât aux chevaliers qui pourraient justifier du cens[2], les quatorze premiers rangs de gradins placés derrière l'orchestre[3]; jusque-là ils avaient été réservés aux sénateurs; le tribun justifia sa proposition en la présentant comme une conséquence forcée de la loi Aurélia. Il ne fit du reste que remettre en vigueur une loi de 146, supprimée probablement par Sylla, mais en donnant une importance plus significative au privilège dont les chevaliers furent investis[4].

Les tribuns profitèrent largement de l'initiative législative qu'on leur avait rendue[5]; leurs propositions amenèrent déjà, en 67, de sérieux conflits entre le peuple et les optimates.

Au début de son tribunat A. Gabinius, ancien partisan de Sylla, criblé de dettes[6], proposa deux lois qui visaient les sénateurs et les chevaliers. La première, *lex Gabinia de versura Romæ provincialibus non facienda*, défendait aux provinciaux de contracter des emprunts à Rome; dans les procès qui auraient pour objet des prêts d'argent, les préteurs et les gouverneurs ne devraient tenir aucun compte des reconnaissances (*syngraphæ*) qui prouveraient que l'emprunt avait été contracté à Rome[7]. Mais l'usure était tellement entrée dans les habitudes des chevaliers et des sénateurs, que la loi ne fut pas respectée : les provinciaux continuèrent à emprunter à Rome[8] et même le sénat accorda des dispenses[9]. La seconde loi Gabinia, *de senatu legatis ex kal. febr. usque ad kal. mart. quotidie dando*, modifiait la loi *Pupia de diebus comitialibus* (voir plus haut page 210) pendant le mois de février à l'avantage du sénat : pendant ce mois, le sénat devait tous les jours en-

1) Dio C., 36, 30 B.
2) Cic., *Phil.*, 2, 18, 44. Hor., *ep.*; 1, 1, 62. Juv., 3, 159. 14; 324.
3) Tac., *Ann.*, 15, 32. Liv.; *ep.*, 99. Ascon., p. 79. Cic., *Mur.*; 19, 40. Dio C., 36, 42 B. Cf. Hor., *epod.*, 4, 16. Cic., *Fam* , 10, 32, 2.
4) Vell.; 2, 32. Cf. Cic., *Mur.*, 19, 40.
5) Sall., *Cat.*, 38.
6) Cic., *p. red. in sen.*, 5, 11. *Sest.*, 8, 18.
7) Cic., *ad Att.*, 5, 21, 12. 6, 2, 7.
8) Cic., *Flacc.*, 20, 46 et seq.
9) Cic., *ad Att.*, 5, 21, 11 et seq.

tendre les ambassadeurs étrangers[1] qui avaient l'habitude de venir à Rome à cette époque[2]; le sénat ne devait pas faire autre chose, il ne devait même pas s'occuper des propositions qui lui venaient des comices[3]. Que voulait le tribun? restreindre le droit des consuls de fixer arbitrairement la date à laquelle se ferait la réception des ambassadeurs[4], diminuer la durée du séjour de ces derniers à Rome; il leur serait dès lors moins facile de corrompre consuls et sénateurs[5].

Le tribun C. Cornélius, ancien ques teur de Pompée[6], alla plus loin. Il proposa une loi : *ne quis legatis exterarum nationum pecuniam expensam ferret*. Il défendait les prêts d'argent aux ambassadeurs des États étrangers[7]. Des opérations de ce genre avaient fait monter le taux de l'intérêt, et avaient permis aux capitalistes de pratiquer l'usure dans de grandes proportions[8]; maintes fois elles avaient servi à corrompre les magistrats[9]. Aussi les sénateurs, qui avaient en secret pris part à ces opérations lucratives, rejetèrent la proposition; ils prétendirent que le sénatus-consulte de 94 (*ne quis Cretensibus pecuniam mutuam daret*)[10] suffisait; on l'avait appliqué en 69 à l'occasion d'une ambassade venue de Crète[11]. Du reste, lorsque des affaires semblables donnaient lieu à un procès, le préteur des étrangers et les gouverneurs des provinces pouvaient s'appuyer sur ce sénatus-consulte, qu'il s'agît de la Crète, d'autres pays ou d'ambassadeurs étrangers : ils avaient donc un moyen tout trouvé de débouter de leurs plaintes les citoyens romains qui avaient fait de pareilles opérations. Mais ce n'était pas là un remède au mal : des gens de finance ne

1) Cic., *ad Q.*, fr., 2, 13, 3.
2) Cic., *in Verr. accus.*, 1, 35, 90. 2, 31, 76. Ps. Ascon., p. 184.
3) Cic.; *Fam.*, 1, 4, 1. Cf., *ad Att.*, 1, 14, 5. *Ad Q. fr.*, 2, 3, 1. 2, 12, 2.
4) Cic., *Planc.*, 14, 33. Schol. Bob., p. 259 et seq.
5) Cf. Cic., *in Verr. accus.*, 2, 31, 76.
6) Ascon.; p. 56.
7) Ascon., p. 57.
8) Ascon., p. 57.
9) Dio C., fr. 111, 3 B.
10) Ascon., p. 57.
11) Dio C., fr. 111, 3 B.

seraient pas assez naïfs pour recourir à la justice du préteur ou des gouverneurs.

C. Cornélius proposa une autre loi, une loi sur la brigue; beaucoup plus sévère que celle de Cotta, la *Rogatio Cornelia de ambitu* établissait des peines sévères[1], non seulement contre les candidats, mais aussi contre leurs agents (*divisores*)[2]. Le sénat la combattit encore; il donna comme raison de son opinion, que la loi était trop sévère, elle serait sans effet; on ne trouverait pas d'accusateurs, on ne trouverait même pas de juges pour l'appliquer[3]. Il fallait cependant faire quelque chose, il chargea les consuls M. Acilius Glabrio et C. Calpurnius Piso de présenter au peuple une loi plus modérée[4].

Les consuls n'avaient pas encore déposé leur projet, quand A. Gabinius fit deux propositions sur les relations étrangères de la République : elles avaient été inspirées par Pompée, qui avait hâte de sortir de l'inaction et de ne pas se laisser éclipser plus longtemps par Crassus. L'une de ces propositions avait pour objet les relations avec Mithridate, l'autre, les pirates. Toutes deux avaient pour but, la première indirectement, la seconde directement, de fournir à Pompée l'occasion de reprendre le pouvoir.

La guerre avec Mithridate avait recommencé en 74; L. Licinius Lucullus, après avoir délivré son collègue M. Aurélius Cotta, assiégé dans Chalcédoine[5], après avoir forcé Mithridate à lever le siège de Cyzique en 73[6], avait remporté une grande

1) Dio C., 36, 38 B.

2) Cic., *Corn.*, *fr.*, 1, 19. 34. Les candidats remettaient en secret de l'argent à des amis, on les appelait alors *sequestres*; ces derniers distribuaient ces sommes à des agents qui les semaient dans le public (*divisores*). L'opération était facile; les clubs politiques (*sodalicia*) servaient d'intermédiaires pour l'achat des votes. [N. D. T.]

3) Dio C., 36, 38 B.

4) Dio C., 36, 39 B.

5) I. L. A., p. 292. Aur. Vict., *Vir. ill.*, 74.

6) App., *Mithr.*, 72-75. Plut., *Luc.*, 9-11. Memnon ap. Photius, p. 233 B. *Hist. gr. fr.*, tome III, p. 545 et seq. Diod., *Hist. gr. fr.*, tome II, p. XXIV. Cic., *Man.*, 8, 20. *Mur.*, 15, 33. *Arch*, 9, 21. Sall., *Hist.*, 3, 17. 4, 61, 14 D. Flor., 3, 5, 15. Eutr., 6, 6. Aur. Vict., *Vir. ill.*, 74 Obseq., 60. Front., *Strat.*, 3, 13, 6. 4, 5, 21.

victoire sur le roi entre les fleuves Æsepus et Granique[1], et avait détruit une partie de sa flotte près de Lemnos ou de Ténédos[2]. Une tempête brisa une autre division de la flotte[3], et en 73 Lucullus put occuper une bonne partie du royaume de Pont[4]. En 72 Lucullus fit une expédition sur Cabira, et remporta une nouvelle victoire; Mithridate abandonné de son armée, s'enfuit[5] auprès de son gendre Tigrane, roi d'Arménie, qui avait donné une grande extension à son royaume; Macharès, fils de Mithridate, et roi du Bosphore, signa un traité d'alliance avec Lucullus[6]. Par l'intermédiaire de son beau-frère Appius Claudius Pulcher, fils du consul de 79, Lucullus engagea des négociations avec Tigrane[7] pour le décider à livrer Mithridate; elles échouèrent, et, après de longues hésitations[8], Tigrane se décida à prendre le parti de Mithridate; sans attendre l'autorisation du sénat, Lucullus marcha contre Tigrane en 69; le 6 octobre 69, il le battit à Tigranocerte[9]; en 68 il lui infligea une nouvelle défaite sur la route d'Artaxata[10].

Or, à Rome, on avait déjà fait les difficultés depuis 70 pour proroger les pouvoirs de Lucullus. D'abord gouverneur de Cilicie il avait pris la direction de la province d'Asie[11] après

[1]) App., *Mithr.*, 76. Plut., *Luc.*; 11. Memn., p. 233. Liv., *ep.*, 95. Flor., 3, 5, 17. Oros., 6, 2.

[2]) App., *Mithr.*, 77. Plut., *Luc.*, 12. Memn., p. 234. Cic., *Man.*, 8, 21. *Mur.*, 15, 33. *Arch.*, 9, 21. Eutr., 6, 6. Oros., 6, 2.

[3]) App., *Mithr.*, 78. Plut., *Luc.*, 13. Sall., *Hist.*, 4, 61, 14 D. Liv., *ep.*, 95. Flor., 3, 5, 18. Oros., 6, 2.

[4]) App., *Mithr.*, 78. Plut., *Luc.*, 14. Memn. p. 333. Oros., 6, 2. 2.

[5]) App., *Mithr.*, 79-82. Syn., 49. Plut., *Luc.*, 15-19. Memn., p. 234. Phlegon ap. Photius, p. 84. Liv., *ep.*, 97. Eutr., 6, 8. Aur. Vict., *Vir. ill.* 67.

[6]) App., *Mithr.*, 83. Plut., *Luc.*, 24. Memn., p. 238. Liv., *ep.*, 98.

[7]) Plut., *Luc.*, 19. 21. Memn., p. 235.

[8]) Memn., p. 238.

[9]) Plut., *Luc.*, 23-28. App., *Mithr.*, 84-86. Dio C., 36, 3 a B. Memn., p. 238. Phleg., p. 84. Eutr., 6, 8. Oros., 6, 3. Front., *Strat.*, 2, 1, 14. 2, 2, 4.

[10]) App., *Mithr.*, 87. Plut., *Luc.*, 31. Liv., *ep.*, 98. Cic., *Man.*, 9, 23. *Sest.*, 27, 58.

[11]) Memn., p. 232. Vell., 2, 33. App., *Mithr.*, 83. Plut., *Luc.*, 7. 20. 23. Cic., *Flacc.*, 34, 85.

le départ de P. Varinius Glaber[1], le préteur de 73; Lucullus gênait les publicains et les hommes d'affaires dans leurs opérations usuraires, rendues plus faciles par l'appauvrissement de la province à la suite du décret de Sylla, qui avait levé un impôt de guerre exceptionnel[2]; en 71 et en 70 il coupa court à leurs gains honteux, d'abord par son édit prétorien, ensuite par la sévérité avec laquelle il rendit la justice. A Rome les tribuns exploitèrent ces causes de mécontentement[3]. On lui reprocha de prolonger la guerre dans le but de conserver le pouvoir plus longtemps, dans le but de s'enrichir[4]. Un de ses plus ardents adversaires fut le préteur L. Quinctius, son ancien rival; Lucullus lui avait cependant envoyé de l'argent, comme à beaucoup d'autres; Lucullus espérait empêcher par ce moyen qu'il lui fût donné un successeur[5]; mais en 68 ses ennemis obtinrent un premier résultat : il fut décidé qu'à sa sortie de charge de consul Q. Marcius Rex prendrait le gouvernement de la Cilicie[6]; Lucullus conservait la province d'Asie et la Bithynie[7], on en rappela M. Aurélius Cotta[8]; il fut encore chargé de s'entendre avec dix envoyés du sénat pour organiser le Pont en province[9]. Au début de 67 on apprit à Rome la nouvelle de la défaite de Cabire et de la révolte des légions *valerianæ* ou *fimbrianæ* : Mithridate était rentré dans ses États[10], et avait battu M. Fabius Hadrianus, lieutenant de Lucullus dans le Pont, à la sanglante bataille de Cabire[11]; les légions de Valerius ou de Fimbria[12] se plaignaient de la sé-

[1]) Cic., *Flacc.*, 19, 45.
[2]) Cf. Plut., *Sert.*, 24. *Luc.*, 7.
[3]) Plut., *Luc.*, 20. Cf. App., *Mithr.*, 83. Cic., *Acad.*, *pr.*, 2, 1, 3.
[4]) Plut., *Luc.*, 24. 33. Dio C., 36, 4 B. Sall., *Hist.*, 5, 6 D. Vell., 2, 33.
[5]) Plut., *Luc.*, 33. Sall., *Hist.*, 5, 9 D. ap. Schol. Gron., p. 441. Cf., 442.
[6]) Dio C., 36, 17 B. Sall., *Hist.*, 5, 11 D. Cf. I. L. A., p. 174.
[7]) Les deux provinces avaient déjà été placées sous la direction d'un seul gouverneur. Vell., 2, 42.
[8]) Memn., p. 239.
[9]) Cf. Plut., *Luc.*, 35. Dio C., 36, 43 D. Cic., *ad Att.*, 13, 6, 4.
[10]) Cic., *Man.*, 9, 24.
[11]) App., *Mithr.*, 88. Plut., *Luc.*, 34. Dio C., 36, 11 B. Eutr., 6, 9.
[12]) App., *Mithr.*, 72. Plut., *Luc.*, 7.

vérité de Lucullus[1]; excitées par P. Claudius Pulcher[2], beau-frère de Lucullus et frère d'Appius, elles prétendirent que leurs vingt années de service étaient accomplies et refusèrent de marcher[3]; Lucullus avait été obligé de changer ses plans et de prendre ses quartiers d'hiver à Nisibe[4]. A Rome A. Gabinius proposa aussitôt de confier le Pont et la Bithynie au consul M. Acilius Glabrio, qui en prendrait immédiatement possession; il proposa aussi de licencier les légions qui s'étaient révoltées[5]. Nous ne connaissons cette proposition de Gabinius que par un fragment de Salluste, et nous ne savons pas si elle fut présentée comme *lex de bello Mithridatico,* ou comme *lex de provinciis consularibus.* Cette dernière hypothèse est la plus vraisemblable; elle se confirme par l'exemple de C. Calpurnius Piso, l'autre consul, qui fut lui aussi investi du gouvernement d'une province, la Gaule Narbonaise, pendant son consulat, et n'en prit possession qu'en 66[6]. On voit bien quelles étaient les intentions de Gabinius : Lucullus, ne conservant que la province d'Asie, ne pourrait plus agir; d'autre part M. Acilius Glabrio serait au-dessous de sa tâche, et Gabinius proposerait à la hâte de le remplacer par Pompée. Mais ces intentions furent soigneusement cachées; il paraît que la proposition de Gabinius, agréable aux deux consuls, passa sans difficulté.

A. Gabinius présenta ensuite, également au commencement de l'année, sa proposition sur les pirates; il demandait un nouveau commandement pour Pompée. Chargé de réduire les pirates, ce dernier serait forcément amené dans le voisinage du théâtre où se déroulaient les événements de la guerre contre Mithridate.

En 74, les ravages causés par les pirates avaient été tels[7]

1) Plut., *Luc.*, 14. 24. 33. Dio C., 36, 18 B. Cf. Liv., *ep.*, 94.

2) Plut., *Luc.*, 34. Dio C., 36, 16. 19 B. 37, 46. Cic. *har. Resp.*, 20, 42.

3) Plut., *Luc.*, 30. 32. 33. Sall., *Hist.*, 5, 5 D. Liv., *ep.*, 98. Cic., *Man.*, 9, 23 et seq.

4) Plut., *Luc.*, 32. Dio C., 36, 8 B. Eutr., 6, 9.

5) Sall., *Hist.*, 5, 10 D. Cf. App., *Mithr.*, 90. Plut., *Luc.*, 33. *Pomp.*, 30. Dio C., 36, 4. 16. 17 D. Cic., *Man.*, 9, 26. *Sest.*, 43, 93. Les Schol. Gron., p. 442, parlent à tort de la Cilicie au lieu de la Bithynie.

6) Cf. Dio C., 36, 37 B. Cic., *ad Att.*, 1, 1, 2.

7) App., *Mithr.*, 92. Plut., *Pomp.*, 24. Dio C., 36, 20 et seq. Zon., 10, 3.

que l'on avait chargé M. Antonius d'un commandement spécial pour surveiller les côtes (*curator oræ maritimæ*); il s'acquitta fort mal de sa mission, ne montra aucune énergie [1], il s'occupa plutôt de réquisitionner les provinces que de les protéger [2]. Ainsi la Sicile eut doublement à souffrir, de la présence de M. Antonius [3], et des pillages des pirates. C. Verrès ne prit aucune mesure pour garantir la province dont il était gouverneur; on vit les pirates entrer impunément dans le port de Syracuse [4]. En 70, le nouveau gouverneur L. Cæcilius Métellus les repoussa enfin des côtes [5]. M. Antonius s'était engagé dans une guerre avec les Crétois [6], que soutenaient en même temps les pirates et Mithridate [7]; il perdit une partie de sa flotte, et mourut en Crète de maladie [8]. Son questeur et un grand nombre de soldats avaient été faits prisonniers [9]. Les Crétois envoyèrent alors à Rome une ambassade de trente personnes, pour renouer l'alliance avec la république. Les députés firent valoir que l'on avait épargné les prisonniers; grâce à la corruption, peu s'en fallut qu'ils n'obtinssent gain de cause. A la fin cependant le sénat exigea des conditions assez dures : il leur fallait livrer leurs vaisseaux de guerre, leurs chefs Lasthènes et Panares, donner trois cents otages et payer quatre mille talents. Les Crétois refusèrent, on pouvait s'y attendre. Le consul Q. Cæcilius Métellus fut chargé de la guerre [10], et partit au commencement de 68 [11]. Métellus allait déployer une grande énergie, mais il était facile de prévoir

1) Plut., *Ant.*, 1. Sall., *Hist.*, 3, 54 D. Ps. Ascon., p. 176. Cf. p. 122.
2) Ps. Ascon., p. 206.
3) Cic., *Div. in Cæc.*, 17, 55. *in Verr. accus.*, 2, 3, 8. 3, 91, 213 et seq.
4) Cic., *in Verr. act.*, 1, 5, 13. *Accus* , 1, 4, 9. 1, 5, 12. 3, 37, 85. 3, 80, 186. 4, 52, 116. 4, 64, 144. 5, 17-52.
5) Liv., *ep.*, 98. Oros., 6, 3.
6) App., *b. c.*, 1, 111.
7) Flor., 3, 7, 1. App., *Sic.*, 6. Diod., 40, 1.
8) Ps. Ascon., p. 122. 176. 206. Schol. Bob., p. 234. Flor., 3, 7. Liv., *ep.*, 97. App., *Sic.*, 6. Cic., *in Verr. accus.*, 3, 91, 213.
9) Dio C., fr. 111 B.
10) Son collègue Q. Hortensius, pour rester à Rome, lui avait cédé la province de Macédoine, qui lui avait été attribuée par le sort (Cf. Cic. *pr. Flacc.*, 26, 63); à cette province se rattachaient l'Achaie et la Crète.
11) Diod., 40, 1. App., *Sic.*, 6. Dio C., fr. 111. B. Schol. Bob , p. 233.

qu'elle serait sans résultat : les efforts isolés des gouverneurs agissant chacun dans la sphère de leurs attributions, devaient être impuissants pour vaincre la piraterie[1] : les pirates avaient organisé un véritable État[2], ils dominaient sur toute la Méditerranée, et causaient les plus grands embarras à l'État romain. Rome courait le risque[3] de ne plus recevoir ses chargements de blé[4], on craignait la famine[5], les impôts ne pouvaient plus arriver au trésor[6]. Les pirates possédaient quatre cents villes maritimes[7]. Ils s'approchaient de Brundisium, du cap Misène, d'Ostie, de Gaète, et des côtes d'Étrurie[8]; la voie Appienne n'était plus sûre[9], les pirates y avaient enlevé un jour la sœur de l'orateur M. Antoine, la fille de M. Antonius chargé de surveiller les côtes, un autre jour deux préteurs avec leurs licteurs[10].

Telle était la situation ; pour réprimer la piraterie, A. Gabinius proposa de nommer un chef choisi parmi les consulaires; il serait investi du pouvoir proconsulaire pour trois ans sur toute la Méditerranée et sur toutes les côtes jusqu'à cinquante milles à l'intérieur des terres, l'Italie non exceptée ; il aurait le droit de choisir lui-même ses quinze lieutenants, d'armer deux cents vaisseaux, et de lever des soldats et des marins sur toutes les côtes ; il aurait un crédit de six mille talents, garanti par le trésor et par les sociétés de fermiers des impôts[11]. Dans cette *rogatio gabinia de uno imperatore contra prædones constituendo*[12], ou bien *de piratico bello*[13], ou encore

1) Dio C., 36, 23 B.
2) App., *Mithr.*, 93.
3) Cic., *Man.*, 11, 31.
4) Dio C., 36, 23 B. Zon., 10, 3. Liv., *ep.*, 99.
5) App., *Mithr.*, 93. Plut., *Pomp.*, 25.
6) Cic., *Man.*, 11, 32. 17, 53. Cf. *in Verr. accus.*, 3, 78, 182. *Leg. agr.*, 2, 29, 80. 2, 30; 83.
7) Plut., *Pomp.*, 24. Zon., 10, 3.
8) App., *Mithr.*, 93. Cic., *Man.*, 12, 32. Flor., 3, 6. 6.
9) Cic, *Man.*, 18, 55.
10) App., *Mithr.*, 93. Plut., *Pomp.*, 24. Dio C., 36, 22 B. Cic., *Man.*, 12, 32. 17, 53. Schol. Gron., p. 441.
11) Dio C.; 36, 23. 27 B. Plut., *Pomp.*, 25. Zon., 10, 3. Vell., 2, 31 Cf. App., *Mithr.*, 94.
12) Cic., *Man.*, 17, 52.
13) Cic., *post. red. in sen.*, 5, 11. Cf. *Man*, 19, 58.

de piratis persequendis[1] ne se trouvait pas le nom de Cn. Pompée, mais il n'y avait pas beaucoup de chefs en vue[2], et il était certain qu'une fois la loi votée, le peuple nommerait Pompée. Voilà pourquoi les Optimates se disposaient à combattre la proposition de Gabinius ; mais ils avaient eux-mêmes créé un précédent : ils avaient confié un pouvoir sans limite (*imperium infinitum*) à M. Antonius, et Gabinius rappelait ce précédent qui remontait seulement à sept ans[3]. Les Optimates ajoutaient, non sans raison, que le pouvoir confié au nouveau chef serait plus étendu que celui d'un dictateur[4] ; ce n'était pas seulement un commandement maritime (ναυαρχία) que l'on remettait à un seul homme, c'était un véritable pouvoir absolu sans responsabilité[5] (μοναρχία)[6].

Au sénat, quand Gabinius présenta sa loi, il faillit être égorgé ; le peuple, averti du danger que courait son tribun, voulut mettre à mort le consul C. Calpurnius Piso ; Gabinius parut et sauva le consul[7]. Devant le peuple la loi fut combattue par Q. Lutatius Catulus[8] et par Q. Hortensius[9]. C. Julius César la défendit énergiquement[10]. J. César s'était attaché de bonne heure au parti démocratique[11] ; questeur en 68 il avait, avant son départ pour la province, prononcé les oraisons funèbres de sa tante Julia, veuve du vieux Marius, et de sa femme Cornelia, fille de Cinna ; il avait osé célébrer devant le peuple la mémoire de ces grandes illustrations du parti démocratique[12]. Il revenait alors de l'Espagne ultérieure ; aux Espagnols il avait promis le droit de cité[13], sur la demande de

1) Ascon., p. 72. Cf. Schol. Bob., p. 235.
2) Cic., *Font.*, 15, 33. Cf. *Man.*, 10, 27.
3) Vell., 2, 31.
4) Vell., 2, 31, Dio C., 36, 34 B.
5) Cf. Cic., *de Leg. agr.*, 2, 13, 32.
6) Plut., *Pomp.*, 25. Zon., 10, 3. Cf. App., *Mithr.*, 94. Dio C., 36, 31 B.
7) Dio C., 36, 24 B. Cf. Plut., *Pomp.*, 25.
8) Cic., *Man.*, 20, 59. Val. Max., 8, 15, 9. Vell., 2, 32. Plut., *Pomp.*, 25. Dio C., 36, 30 et seq. B.
9) Cic., *Man.*, 17, 52. 19, 56.
10) Plut., *Pomp.*, 25. Zon., 10, 3.
11) Cic., *Phil.*, 5, 18, 49.
12) Suet., *Cæs.*, 6. Plut., *Cæs.*, 5.
13) Suet., *Cæs.*, 7. Cf. Dio C., 37, 52. 41, 24. Cæs., *B. Hisp.*, 42.

son préteur Antistius Vetus[1] ; en revenant il avait fait la même promesse aux cités de la Gaule transpadane. Il en était résulté une certaine agitation : les consuls avaient empêché le départ des légions que Q. Marcius Rex devait emmener en Cilicie[2]. D'ailleurs il entrait dans les plans de César[3] de brouiller Pompée avec les Optimates, et de bouleverser ainsi la république[4]. Soulevé par César et Gabinius, le peuple montra le plus grand enthousiasme pour Pompée, les Optimates n'eurent plus qu'une ressource, recourir à l'intercession tribunitienne. Deux tribuns acceptèrent de rendre ce service au parti des nobles, L. Trébellius et L. Roscius Otho[5]. Le jour du vote L. Trébellius fit opposition ; A. Gabinius suspendit aussitôt le vote, et imitant Ti. Gracchus, invita les tribus à prononcer la déposition de Trébellius[6]. Certain que le peuple la prononcerait, le tribun retira son intercession ; Roscius se contenta de présenter un amendement : il y aurait deux chefs au lieu d'un. On passa outre[7].

Quand la loi Gabinia fut votée, le peuple se rendit en foule aux comices et chargea Pompée du commandement[8]. Jusque-là, Pompée avait gardé une grande réserve, comme s'il n'ambitionnait pas la direction de la guerre[9] ; une fois élu il imposa ses volontés au sénat et au peuple ; il avoua qu'en outre de deux questeurs, il lui fallait non pas quinze, mais vingt-quatre lieutenants, cinq cents vaisseaux au lieu de deux cents, une armée de cent vingt mille hommes et cinq mille cavaliers[10]. Il voulut que ses lieutenants eussent le titre de préteur, et en portassent les insignes ; partout où ils seraient envoyés, ils seraient considérés comme *legati pro prætore*, et exerceraient

1) Vell., 2. 43.
2) Suet., *Cæs.*, 8.
3) César venait d'épouser une parente de Pompée, la fille de Q. Pompéius Rufus, petite-fille de Sylla. (Suet., *Cæs.*, 6. Plut., *Cæs.*, 5.)
4) Cf. Dio C., 36, 43 B.
5) Dio C., 36, 24 B.
6) Cic., *Corn.*, fr. 1, 14. Ascon., p. 71. Dio C., 36, 30 B.
7) Dio C., 36, 30 B. Plut., *Pomp.*, 25.
8) Cic., *Man.*, 15, 44. Liv., *ep.*, 99. Eutr., 6, 12.
9) Plut., *Pomp.*, 26. Dio C., 36, 25 et seq.
10) Plut., *Pomp.*, 26. Cf. Dio C., 36, 37 B. App., *Mithr.*, 94. Zon., 10, 3.

tous les droits du propréteur ; Pompée qui devait diriger toutes leurs opérations, put être à juste titre considéré comme investi d'un pouvoir plus que royal, on put l'appeler Βασιλεὺς Βασιλέων[1]. Sur un point le sénat eut le courage de résister : il défendit à Pompée de prendre A. Gabinius pour lieutenant[2].

Pompée répondit aux espérances qu'il avait fait naître ; aussitôt qu'il eut commencé ses opérations, le prix du blé baissa[3]. Il partagea entre ses lieutenants toute l'étendue des côtes méditerranéennes[4] : quant à lui, il se chargea au printemps[5] de débarrasser le bassin occidental de la présence des pirates : il lui fallut pour cela quarante jours seulement[6]. Il avait à se plaindre du consul C. Piso qui n'avait pas montré assez d'empressement à préparer les armements que Pompée avait exigés ; il avait même cherché à empêcher dans la province de Gaule Narbonaise l'enrôlement des hommes destinés à défendre les côtes de Gaule[7]. Pompée rentra dans Rome[8], où il fut accueilli avec enthousiasme par le peuple ; il lui suffit de parler pour faire cesser l'opposition du consul ; pas ne fut besoin de proposer une motion que Gabinius avait préparée dans le but de faire déposer Piso[9]. Pompée se rendit ensuite par la voie de terre à Brundisium ; il allait commencer les opérations dans la Méditerranée orientale.

Sur ces entrefaites arriva l'époque des élections ; Piso dut présider les comices[10] ; M. Acilius Glabrio venait de partir pour la Bithynie après avoir eu un différend avec le préteur L. Lucceius[11]. Un ami de Pompée, M. Lollius Palicanus, voulant profiter du courant démocratique, se présenta comme can-

¹) App., *Mithr.*, 94. Cf. Dio C., 36, 36 B.
²) Cic., *Man.*, 19, 57 et seq.
³) Cic., *Man.*, 15, 44. Plut., *Pomp.*, 26.
⁴) App., *Mithr.*, 95. Flor., 3, 6, 9.
⁵) Cic., *Man.*, 12, 35.
⁶) App., *Mithr.*, 95. Plut., *Pomp.*, 26. Zon., 10, 3. Liv., *ep.*, 99. Flor., 3, 6, 15.
⁷) Plut., *Pomp.*, 27. Dio C., 36, 37 B.
⁸) Cic., *Man.*, 12, 35. App., *Mithr.*, 95.
⁹) Plut., *Pomp.*, 27. Cf. Dio C., 36, 37 B.
¹⁰) Val. Max., 3, 8, 3.
¹¹) Dio C., 36, 41 B l'appelle à tort L. Lucullus.

didat au consulat [1]; les Optimates jugèrent alors nécessaire de faire passer une loi sur la brigue. Or, en vertu des lois Ælia et Fufia, aucune loi ne pouvait être proposée pendant la période des élections [2]; le sénat dispensa Piso de l'observation de cette formalité. La *rogatio Acilia Calpurnia de ambitu*, ou plutôt la *lex Calpurnia,* puisque M. Acilius ne prit aucune part à sa rédaction, maintenait les pénalités établies par C. Cornélius contre les agents secondaires (*divisores*) [3], mais adoucissait celles prononcées contre le candidat ; au lieu d'être condamné à l'exil, il devait payer une amende, et perdre le droit d'arriver aux honneurs (*jus honorum*) non seulement pour dix ans, mais pour le reste de sa vie [4], à moins qu'il ne se réhabilitât en dénonçant les brigues d'autres candidats [5]. Il y eut des violences provoquées par les élections et par la loi Calpurnia. Piso, pressé par les tribuns, alla jusqu'à déclarer qu'il ne proclamerait pas Lollius, s'il était élu [6]. Les candidats à la préture se laissèrent aller à de telles violences qu'il fallut interrompre l'élection et la renvoyer à un autre jour [7]. Le jour où le peuple se réunit pour se prononcer sur la loi Calpurnia, le consul Piso fut chassé du comice par un groupe de *divisores.* Il revint à la charge, força par un édit les partisans des optimates à se rendre à l'assemblée, fit protéger les opérations du vote par des hommes armés, et réussit à faire passer la loi [8].

Cornélius dont la loi avait subi deux changements au sénat, voulut se venger : il prétendit que le sénat n'avait pas le droit de dispenser de l'application d'une loi, comme il l'avait fait pour rendre possible la présentation de la rogation Calpurnia; il proposa à son tour une loi pour affirmer le droit du peuple [9].

1) Val. Max., 3, 8, 3.
2) Dio C., 36, 39 B.
3) Cic., *Corn., fr.* 1, 34. Ascon., p. 75.
4) Schol. Bob., p. 361. Ascon., p. 68. Cic., *Mur.*, 23, 46. 32, 67. *Sull.*, 26, 74.
5) Cic., *Cluent.*, 36, 98.
6) Val. Max., 3, 8, 3.
7) Cic., *Man.*, 1, 2. *ad Att.*, 1, 10, 6. 1, 11, 2.
8) Cic., *Corn. fr.*, 1, 19. 22. Ascon., p. 75. Cf. Dio C., 36, 29 B.
9) Dio C., 36, 39 B. Ascon., p. 57. 72.

La *rogatio Cornelia ne quis nisi per populum legibus solveretur* rencontra une violente opposition dans le sénat qui ne voulait pas laisser diminuer davantage son influence déjà amoindrie par la loi Gabinia. En effet, les sénateurs ne pouvaient guère renoncer à un droit qui leur permettait de favoriser leurs amis, et en même temps d'affirmer et d'étendre leur action personnelle. Le sénat décida le tribun P. Servilius Globulus, à opposer son intercession. Au jour du vote, Globulus défendit au héraut de lire la proposition de loi; Cornélius s'empara du texte et voulut lire lui-même. En l'interrompant Globulus allait violer les droits des tribuns. Mais le consul Piso fit remarquer que Cornélius le premier avait violé ces fameux privilèges du tribunat, en empêchant un tribun d'exercer son droit d'intercession. Il s'ensuivit un tumulte, le consul courut un danger sérieux, et Cornélius se laissa décider à congédier l'assemblée [1]. Les magistrats discutèrent au sénat, cherchèrent à transformer la proposition [2]. Cornélius se décida à la laisser modifier, elle parut sous cette forme nouvelle : *ne quis in senatu legibus solveretur, nisi CC. affuissent ; neve quis, cum solutus esset, intercederet, cum de ea re ad populum ferretur* [3]. La loi passa; la nouvelle rédaction sauvegardait les droits du sénat, et d'autre part consacrait le droit du peuple. Le sénat renonça à l'habitude de prononcer des dispenses devant un petit nombre de sénateurs ; les dispenses furent soumises à l'appel devant le peuple; l'appel aurait lieu quand un tribun le jugerait nécessaire, et dans ce cas l'intercession d'un tribun ne pourrait l'empêcher. Cependant les optimates virent de très mauvais œil passer, même sous cette forme conciliatrice, une loi qui leur enlevait des avantages considérables [4].

Cornélius proposa d'autres lois qui furent toutes, excepté une, arrêtées par l'intercession tribunitienne [5]. La *lex Cornelia de edicto prætorio*, la seule qui ne fut pas arrêtée au mo-

1) Ascon., p. 57 et seq. 60. Dio C., 36, 39 B. Cic., *Vat.*, 2, 5.
2) Cic., *Corn.*, *fr.* 1, 11.
3) Ascon., p. 58. 72. Il faut contester l'exactitude de Dio C., 36, 39 B.
4) Ascon., p. 58.
5) Ascon., p. 58.

ment de sa présentation, visait un des principaux abus de l'administration judiciaire des préteurs. Les préteurs, en effet, s'écartaient souvent des règles qu'ils avaient eux-mêmes établies dans leur édit, pour favoriser l'une ou l'autre des parties : c'était un moyen pour eux de se faire donner de l'argent ou de s'assurer des protections. Ainsi avaient fait Cn. Cornelius Dolabella, L. Cornélius Sisenna [1], et C. Cæcilius Métellus [2], surtout C. Verrès ; L. Calpurnius Piso, collègue de ce dernier, avait dû souvent faire opposition [3]. Personne n'osa parler contre la loi qui renfermait cet article : *ut prætores ex edictis suis perpetuis judicarent ;* elle déplut cependant à un grand nombre d'optimates ; elle faisait disparaître un abus qui était pour eux une source d'avantages de toutes sortes [4]. Cornélius employa les derniers temps de son tribunat à défendre ses autres propositions, qui furent toutes écartées, nous l'avons dit, par l'intercession des tribuns.

En Asie les événements avaient pris une tournure tout à fait favorable aux vues de Pompée, qui ambitionnait l'honneur de terminer la guerre contre Mithridate. Avant l'arrivée de Glabrio en Bithynie, le lieutenant L. Valerius Triarius accouru au secours de M. Fabius Hadrianus, avait d'abord remporté quelques avantages [5], puis subi une épouvantable défaite près de Zéla et de Gaziura : vingt-quatre tribuns militaires et cent cinquante centurions y avaient trouvé la mort [6]. Mithridate, à la suite de cette victoire, avait repris le royaume de Pont. Lucullus accourut, mais la loi *Gabinia de provinciis consularibus,* qui lui fut alors signifiée [7], l'empêcha de rien faire ; il dut licencier une partie de son armée, et livrer le reste à Glabrio [8]. Quant à Glabrio, peu fait pour une guerre aussi

[1]) Cic., *Corn.*, *fr.*, 1, 18. Ascon., p. 73.
[2]) Cic., *in Verr. accus.*, 3, 6., 152.
[3]) Cic., *in Verr. accus.*, 1, 46, 119. Ps. Ascon., p. 192.
[4]) Ascon., p. 58. Dio C., 36, 40 B.
[5]) Dio C., 36, 12 B.
[6]) Dio C., 36, 14 B. App., *Mithr.*, 88 et seq. Plut., *Luc.*, 35. *Pomp.*, 39. Liv., *ep.*, 98. Cic., *Man.*, 9, 25. 15, 45. Schol. Gron., p. 440. Cæs., *B. Alex.*, 72. Plin., *n. h.*, 6, 3, 4, 10.
[7]) Dio C., 36, 16 B. App., *Mithr.*, 90. Plut., *Luc.*, 35. Sall., *Hist.*, 5, 10 D.
[8]) Cic., *Man.*, 9, 26. App., *Mithr.*, 90.

sérieuse[1], il resta inactif en Bithynie[2]. Q. Marcius Rex, gouverneur de Cilicie ne pouvait ou ne voulait envoyer aucun secours, il avait sur les bras les pirates[3]. La province d'Asie était de nouveau menacée[4], or c'était la plus productive de tout l'empire, celle qui envoyait à Rome la contribution la plus forte. Ces tristes nouvelles produisirent une grande émotion à Rome ; elles furent confirmées par les dix ambassadeurs envoyés auprès de Lucullus, qui avaient trouvé la situation bien différente de ce qu'ils attendaient[5]. Tout le monde songea à Pompée[6] : ses talents militaires, son intégrité et surtout son bonheur constant le mettaient hors de pair parmi les généraux de la République[7].

On eut bientôt sous les yeux un exemple frappant de ce qu'étaient ces généraux de rencontre qui avaient dirigé la guerre d'Asie[8]; M. Aurélius Cotta revint de Bithynie. On connaissait déjà les abus de son administration et sa valeur militaire par les révélations du procès P. Oppius[9], son questeur qu'accusa Cn. Papirius Carbo[10] et que défendit Cicéron. A son retour Cotta eut l'audace de prendre le surnom de *Ponticus*[11] ; or il avait été battu à Chalcédoine[12], et l'honneur d'avoir occupé Héraclée du Pont en 70 revenait à L. Valerius Triarius[13] ; un héracléote, Thrasymèdes, vint faire dans une assemblée du peuple le récit des exactions et des cruautés de Cotta dans la ville conquise ; l'effet produit fut tel que Carbo

1) Cic., *Man.*; 2, 5.
2) Dio C., 36, 19 B. Cf. Plut., *Luc.*, 35.
3) Dio C., 36, 17. 19 B.
4) Cic., *Man.*, 6, 14.
5) Plut., *Luc.*, 35. Dio C., 36, 43 B. L'un de ces ambassadeurs, M. Lucullus (Cic., *ad Att.*, 13, 6, 4) était déjà rentré à Rome (Ascon., p. 60. 79) au moment du conflit entre C. Cornelius et P. Servilius Globulus.
6) Cic., *Man.*, 2, 5. 15, 45.
7) Cic., *Man.*, 10 et seq.
8) Cf. Cic., *Man.*, 17, 37.
9) Sall., *Hist.*, 3, 37 et seq. D. Ps. Ascon., p. 171. Quint., 5, 13, 20.
10) Le fils de celui qui avait soutenu C. Marius.
11) Memn., p. 239.
12) Dio C., 36, 40 B. Plut., *Luc.*, 8. App., *Mithr.*, 71. Memn., p. 233. Sall., *Hist*, 4, 61, 13 D. Liv., *ep.*, 93. Eutr.. 6, 6. Oros., 6, 2. Cic., *Mur.*, 15, 33.
13) Memn., p. 235 et seq.

voulut mettre Cotta lui-même en accusation. César en détourna Carbo, mais le peuple prononça lui-même la condamnation de Cotta : on lui défendit de paraître aux jeux publics[1] avec les ornements consulaires, c'est-à-dire avec la robe prétexte ; Carbo qui n'avait été que tribun du peuple, eut au contraire le droit de porter les mêmes insignes dans les jeux publics[2].

Pompée venait de mener à bonne fin la guerre des pirates. Parti de Brundisium, il avait chassé ces derniers de la Méditerranée orientale, et les avait acculés dans leurs repaires de Cilicie ; vaincus sur mer près de Coracesion, ils avaient été obligés de faire leur soumission[3]. La seconde période de la campagne n'avait duré que quarante-neuf jours[4] ; trois mois avaient donc suffi pour purger la Méditerranée[5]. Pompée avait déployé une grande habileté et montré aussi beaucoup de modération ; c'est ce qui décida les Crétois si durement traités par Q. Cæcilius Métellus en 68 et 67[6] à lui envoyer des ambassadeurs en Pamphylie ; rappelant que l'île de Crète était placée tout entière sous sa dépendance par la loi *Gabinia de bello piratico*, ils déclaraient qu'ils étaient disposés à se soumettre[7]. Pompée n'avait pas songé à abdiquer les pouvoirs qui lui avaient été confiés pour trois ans ; du reste le moment n'était pas venu, tant que la Crète et la Cilicie n'étaient pas complètement débarrassées des pirates. Il envoya donc son lieutenant L. Octavius[8] en Crète auprès de Métellus ; Octavius proposa à ce dernier de suspendre la guerre contre les Crétois et de recevoir leur soumission. Pompée donna encore à un autre de ses lieutenants, L. Cornélius Sisenna[9], qui

1) Cf. Cic., *Cluent.*, 47, 132.
2) Memn., p. 239. Dio C., 36, 40 B. Cf. Val. Max., 5, 4, 4.
3) Plut., *Pomp.*, 28. App., *Mithr.*, 95 et seq.
4) Cic., *Man.*, 12, 35.
5) Plut., *Pomp.*, 28. Zon., 10, 3. Cf. Dio C., 36, 37 B. Liv., *ep.*, 99. Oros., 6, 4.
6) Liv., *ep.*, 98. 99. Flor., 3, 7, 4. App., *Sic.*, 6. Val. Max., 7, 6, ext., 1. Serv., *ad Æn*, 3, 106. Phleg., *ap. Phot.*, p. 84. Cf. I. L. A., p. 173.
7) Flor., 3, 7, 5. App., *Cic.*, 6. Plut., *Pomp.*, 29. Cic., *Man.*, 12, 35. 16, 46.
8) Flor., 3, 7, 6 l'appelle à tort Antonius.
9) App., *Mithr.*, 95.

croisait dans les eaux de la Grèce, l'ordre de se rapprocher de la Crète pour faciliter la reddition de l'île [1]. Métellus protesta vivement, et écrivit à Pompée pour lui reprocher de chercher à lui enlever la gloire de soumettre la Crète [2]. Sans s'occuper d'Octavius, qui venait de remplacer à la tête de la flotte Sisenna décédé, Métellus continua la campagne et la mena à bonne fin [3]. Il y gagna le surnom de *Creticus* et les droits au triomphe. Pompée ne protesta pas, il se contenta de justifier sa conduite dans une lettre adressée à Métellus [4]. La conduite de Pompée s'explique ; d'abord il ne voulait pas donner de prétexte à la guerre civile, ensuite il était occupé à assiéger les citadelles et les pauvres villes de Cilicie [5], en particulier Soloi, qu'il appela Pompeiopolis [6] ; enfin il s'attendait à prendre la direction de la guerre contre Mithridate [7].

Ce fut un des nouveaux tribuns entrés en fonction le 10 décembre 67, C. Manilius, qui se fit l'interprète des vœux populaires, et demanda pour Pompée le commandement de la guerre contre Mithridate. C. Manilius était un démocrate sincère de l'école de Marius ; au début de son tribunat, il fit une proposition *de libertinorum suffragiis :* il demandait de faire voter les affranchis dans les tribus de leurs patrons [8]. Une telle loi était due certainement à l'inspiration de C. Cornelius [9] ; les optimates en général l'accueillirent fort mal, quelques-uns cependant lui furent favorables [10]. Manilius la fit voter le jour des compitalia [11], c'est-à-dire le dernier jour de décembre [12] ;

[1]) Plut., *Pomp.*, 29. Dio C., 36, 1 B. Cf. Liv., *ep.*, 99. Vell., 2, 34.
[2]) Liv., *ep.*. 99.
[3]) Dio C., fr. 111, 4. 36, 2 B. App., *Sic.*, 6. Plut., *Pomp.*, 29. Liv., *ep.*, 100. Cic., *Flacc.*, 3, 6. 13, 30. *Pis.*, 24, 58. *Planc.*, 11, 27. *ad Brut*, 1, 8. Ascon, p. 63. Schol. Bob., p. 233. 258. Flor., 3, 7, 6. Vell., 2, 34. 38. Eutr., 6, 11. Oros., 6, 4.
[4]) Liv., *ep.*, 99.
[5]) Plut., *Pomp.*, 28. App., *Mithr.*, 96. Liv., *ep.*, 99. Vell., 2, 32. Flor., 3, 6, 14.
[6]) Dio C., 36, 37 B. App., *Mithr.*, 115. Strab., 14, 3, 3.
[7]) Dio C., 36, 45 B.
[8]) Dio C., 36, 42 B. Ascon., p. 64 et seq.
[9]) Cic., *Corn.*, fr. 1, 3.
[10]) Cf. Cic., *Mur.*, 23, 47.
[11]) Ascon., p. 65.
[12]) Dio C., 36, 42 B.

c'était illégal ; le lendemain, sur la proposition des nouveaux consuls M. Æmilius Lépidus et L. Volcatius Tullus, le sénat demanda qu'elle fût annulée[1] ; Manilius ne put rien faire pour la sauver. Aigri, Manilius, qui n'avait aucun scrupule de vendre ses services[2], alla les offrir à Crassus. Crassus le repoussa, il se tourna alors vers Pompée, espérant que le grand général le prendrait pour lieutenant[3].

Il proposa donc de confier la guerre de Mithridate à Pompée sans renouveler ses pouvoirs : Pompée aurait les trois provinces de Cilicie, Asie, Bithynie avec le droit de signer la paix, de faire les traités, de déclarer la guerre[4]. Par cette *rogatio Manilia de imperio Cn. Pompeii*[5], ou *de bello Mithridatico Cn. Pompeio extraordinem mandando*[6], Pompée acquit le pouvoir absolu sur les provinces orientales de l'empire, que ne comprenait pas la loi Gabinia[7]. La loi Manilia souleva la même opposition que la loi Gabinia de la part des optimates ; mais Manilius ne la présenta pas d'abord au sénat. Q. Lutatius Catulus et Q. Hortensius furent les interprètes du parti aristocratique ; ils représentèrent partout dans les assemblées que le pouvoir confié à Pompée serait contraire aux institutions républicaines[8]. Catulus, très irrité, montra quelle serait la situation des optimates après cette nouvelle défaite, et déclara que les nobles n'auraient plus qu'un parti à prendre : se retirer eux aussi sur le mont sacré[9]. D'autres voulurent faire de la conciliation ; sans éprouver de sympathie bien grande pour Pompée, ils avouaient l'impossibilité où ils étaient de confier de nouveau la direction de la guerre à Lucullus ; tel fut l'avis de P. Servilius Isauricus, C. Scribonius Curio, Cn. Cornélius Lentulus Clodianus et C. Cassius

1) Ascon., p. 66, Dio C., 36, 42 B.
2) Vell., 2, 33.
3) Dio C., 36, 42 B.
4) Dio C., 36, 42 B. Plut., *Pomp.*, 30. *Luc.*, 35. Zon., 10, 4. App., *Mithr.*, 97. Liv., *ep.*, 100. Vell., 2, 33. Eutr., 6, 12.
5) Cic., *Man. inscript.*
6) Ascon., p. 66.
7) Plut., *Pomp.*, 30.
8) Cic., *Man.*, 17, 51 et seq. 20, 59 et seq. Plut., *Pomp.*, 30.
9) Plut., *Pomp.*, 30.

Varus[1]. César approuva la loi Manilia pour les mêmes motifs qui l'avaient décidé à soutenir la loi Gabinia[2]. Cicéron lui-même parla en faveur de cette loi dans son discours *de imperio Cn. Pompeii.* A la suite du procès de C. Verrès, d'une brillante et habile édilité curule[3], à la suite de nombreux discours prononcés pour la défense de Fonteius, de Oppius, de Cœcina, Cicéron était devenu un personnage influent; l'ambition lui était venue, il songea à rivaliser de popularité avec Crassus et Pompée[4]. Élevé à la préture par une élection éclatante[5], il voulut s'attacher le peuple en soutenant une proposition qui réunissait les sympathies de tous les citoyens des classes populaires ; en même temps il fut heureux d'obliger l'homme qui avait alors la plus haute influence, et que du reste il tenait pour un honnête et loyal défenseur des institutions républicaines. Il comptait bien que Pompée n'oublierait pas ce service, et lui faciliterait la carrière des honneurs[6]. Plusieurs tribuns devaient opposer leur intercession[7], aucun n'osa le faire. La loi passa à une immense majorité[8]; Pompée fut investi d'un pouvoir extraordinaire tel qu'aucun Romain n'en avait possédé de pareil avant lui[9]. Généralissime de toutes les forces de la république sur terre comme sur mer[10], il se trouvait dans la même situation que Sylla après la défaite du parti de Marius, pouvait espérer prolonger son pouvoir, et rester le maître absolu de l'état romain.

[1]) Cic., *Man.*, 23, 68.
[2]) Dio C., 36, 43 B.
[3]) Cic., *Mur.*, 19, 40. *Off.*, 2, 17, 58 et seq.
[4]) Plut., *Cic.*, 8.
[5]) Cic., *Man.*, 1, 2. *Pis.*, 1, 2. *Brut.*, 93, 321. Plut., *Cic.*, 9.
[6]) Cf. Dio C., 36, 43 B. Cic., *Man.*, 24, 70 et seq. *Leg. agr.*, 2, 18, 49. *de Dom.*, 8, 19. *Fam.*, 1, 9, 11. *ad Q. fr.*, 3, 4, 2. Q. Cic., *de Pet. cons.*, 1, 5. 4, 14. 13, 51.
[7]) Cic., *Man.*, 19, 58.
[8]) Cic., *Mur.*, 16, 34.
[9]) App., *Mithr.*, 97. Plut., *Pomp.*, 30.
[10]) Cic., *Leg. agr.*, 2, 9, 23. 2, 17, 46.

ERNEST LEROUX, ÉDITEUR, RUE BONAPARTE, 28

A. BOUCHÉ-LECLERCQ

HISTOIRE DE LA DIVINATION DANS L'ANTIQUITÉ

4 volumes in-8. . . . . 40 fr.

TOME I. — Introduction. — Divination hellénique (Méthodes).

TOME II. — Les sacerdoces divinatoires. — Devins, Chresmologues, Sibylles. — Oracles des dieux.

TOME III. — Oracles des dieux (suite). — Oracles des héros et des morts. — Oracles exotiques hellénisés.

TOME IV. — Divination italique (étrusque, latine, romaine). — Appendice. — Index général.

HISTOIRE GRECQUE

Publiée sous la direction de A. BOUCHÉ-LECLERCQ

9 volumes in-8............ **79** fr. **50**

Histoire Grecque, par Ernest Curtius. 5 volumes in-8.......... **37 50**

Atlas de l'Histoire grecque, par A. Bouché-Leclercq. In-8..... **12** »

Histoire de l'Hellénisme. Alexandre et ses successeurs, par J.-G. Droysen. 3 vol. in-8 .... **30** »

HISTOIRE INTÉRIEURE DE ROME

JUSQU'A LA BATAILLE D'ACTIUM

Tirée des *Römische Alterthümer*, de L. LANGE

Par A. BERTHELOT et DIDIER, agrégés de l'Université.

Tome premier, in-8, 626 pages. 10 fr.

Tome second, en cours de publication, par fascicules à. . 1 fr. 25.

Prix de souscription. . . . 10 fr.

RÉVOLUTION ÉCONOMIQUE ET MONÉTAIRE

Qui eut lieu à Rome au milieu du IIIe siècle avant l'ère chrétienne, et Classification générale de la Société romaine avant et après la première guerre punique,

Par E. BELOT, correspondant de l'Institut.

Un volume in-8.................................. **4** fr.

LA RELIGION A ROME

SOUS LES SÉVÈRES

PAR JEAN RÉVILLE

Un volume in-8 . . . . 7 fr. 50

ANGERS, IMP. A. BURDIN ET Cie, RUE GARNIER, 4.

www.ingramcontent.com/pod-product-compliance
Ingram Content Group UK Ltd.
Pitfield, Milton Keynes, MK11 3LW, UK
UKHW021221230726
13926UKWH00003B/1166